FICHA CATALOGRÁFICA

(Preparada na Editora)

Xavier, Francisco Cândido, 1910-2002.

X19c   *Chico Xavier - Diálogos e Mensagens* / Francisco Cândido Xavier, Emmanuel. Organização e Notas de Hércio Marcos Cintra Arantes. Araras, SP, 1ª edição, IDE, 2021.

224 p.:

ISBN 978-65-86112-14-6

1. Espiritismo 2. Mediunidade. I. Emmanuel. II. Arantes, Hércio Marcos Cintra, 1937-2016. III. Título.

CDD -133.9
-133.91

Índices para catálogo sistemático:

1. Espiritismo 133.9
2. Mediunidade: Entrevistas: Espiritismo 133.91

CHICO
DIÁLOGOS E MENSAGENS
XAVIER

ide

ISBN 978-65-86112-14-6

1ª edição - abril/2021
2ª reimpressão - novembro/2024

Copyright © 2021,
Instituto de Difusão Espírita - IDE

Conselho Editorial:
Doralice Scanavini Volk
Wilson Frungilo Júnior

Produção e Coordenação:
Jairo Lorenzeti

Revisão de texto:
Mariana Frungilo Paraluppi

Capa:
Samuel Carminatti Ferrari

Diagramação:
Maria Isabel Estéfano Rissi

Parceiro de distribuição:
Instituto Beneficente Boa Nova
Fone: (17) 3531-4444
www.boanova.net
boanova@boanova.net

INSTITUTO DE DIFUSÃO ESPÍRITA - IDE
Rua Emílio Ferreira, 177
CEP 13600-092 - Araras/SP - Brasil
Fones (19) 3543-2400 e 3541-5215
CNPJ 44.220.101/0001-43
Inscrição Estadual 182.010.405.118
www.ideeditora.com.br
editorial@ideeditora.com.br

Todos os direitos reservados. Nenhuma parte desta publicação pode ser reproduzida, armazenada ou transmitida, total ou parcialmente, por quaisquer métodos ou processos, sem autorização do detentor do copyright.

P – Qual o mais eficiente meio de divulgação das obras da Codificação Kardequiana?

R – Creio seja vivenciar a nossa Doutrina, através do nosso testemunho diário de renovação gradativa para o bem, a começar do íntimo de nossas próprias casas.

sumário

apresentação...13

Diálogos

um 15
Entrevista de Márcia Elizabeth, realizada em Uberaba/MG, transcrita do Jornal "Goiás Espírita", Goiânia, GO, 1979.

dois 29
Entrevista transcrita do jornal "A Flama Espírita", Uberaba, MG, 1977.

três...36
Entrevista ao jornal "Espiritismo e Unificação", de Santos, SP, 1975.

quatro 39
Entrevista com o Espírito de Emmanuel, por intermédio do médium Francisco Cândido Xavier, publicada em jornal de Belo Horizonte, MG, 1952.

cinco 52
Entrevista realizada pela reportagem do "Correio de Araxá", MG, 1976.

seis...55
Entrevista concedida ao jornal "Espiritismo e Unificação", de Santos, SP, 1977.

sete...63
Resposta do médium Francisco Cândido Xavier, durante o programa de televisão "Moacir Franco Show", em abril de 1974.

oito 64
Entrevista concedida ao jornalista Alfredo Neto, da revista "Destaque", Uberaba/MG, 1977.

nove 84
Entrevista ao jornal "Unificação", de São Paulo, SP, 1977.

dez 89
Entrevista concedida ao Dr. Jarbas Leone Varanda e publicada no jornal uberabense "O Triângulo Espírita", 1977.

onze 92
Reportagem e entrevista de Regina Penteado, jornal "Folhetim", de São Paulo, SP, 1978.

doze 107
Entrevista concedida ao jornal "Lavoura e Comércio", de Uberaba, MG, 1978.

treze 112
Entrevista concedida ao repórter Saulo Gomes da TV Tupi, canal 4, de São Paulo, SP, 1968.

quatorze 133
Entrevista gravada pela TV Tupi, canal 4, de São Paulo, realizada pelo repórter Saulo Gomes, 1968.

quinze 153
"Lavoura e Comércio", Uberaba, Minas, 7 de Março de 1970.

dezesseis 156
Entrevista concedida a Salvador Gentile e Elias Barbosa, Uberaba, MG, 1970.

dezessete 169
Entrevista realizada pelo repórter Realindo Jr., publicada pelo jornal "Comércio da Franca", Franca, SP, 1971.

dezoito 175
Entrevista realizada por Silveira Lima, na Rádio Sociedade do Triângulo Mineiro de Uberaba, MG, 1971.

dezenove 187
Entrevista realizada pela equipe de reportagem do Colégio Estadual de Uberaba, MG, publicada pelo jornal uberabense "Lavoura e Comércio", 1971.

vinte 197
Entrevista concedida aos organizadores do Cometrim, na Comunhão Espírita Cristã de Uberaba, MG, 1971.

vinte e um 203
Entrevista com Francisco Cândido Xavier, na TV Anhanguera, Canal 2, Goiânia, GO, 1971. Entrevistador Dr. Delfino da Costa Machado.

Mensagens

No campo do Mundo 27
Francisco C. Xavier / Emmanuel (Pedro Leopoldo, MG, 1950)

Mãe...... 51
Francisco C. Xavier / Anthero de Quental (Belo Horizonte, MG, 1950)

Caminho do Bem...... 61
Francisco C. Xavier / Maria Dolores (Araxá, MG, 1976)

Conflito Psicológico 87
Francisco C. Xavier / Cornélio Pires (1977)

Vitória 105
Francisco C. Xavier / Emmanuel (Uberaba, MG, 1977)

A Imprensa Espírita...... 131
Francisco C. Xavier / Cairbar Schutel, Casimiro Cunha, Nina Arueira, Sank, Castro Alves, André Luiz, João de Deus, Cármen Cinira, Emmanuel (Belo Horizonte, MG, 1951)

Em torno do livro espírita...... 151
Francisco C. Xavier / Bezerra de Menezes, Romualdo Seixas, João de Deus, Irmão X, Casimiro Cunha, André Luiz, Cairbar Schutel, Cármen Cinira, Nina Arueira (Belo Horizonte, MG, 1950)

Definição do Brasil...... 167
Francisco C. Xavier / Emmanuel (Uberaba, MG, 1971)

Agora é o dia...... 185
Francisco C. Xavier / José de Atagiba (Uberaba, MG, 1971)

Compreensão sempre 221
Francisco C. Xavier / Emmanuel (Uberaba, MG, 1975)

apresentação

Este não é um livro de entrevistas, mas sim de encontros que o tempo marcou pela confraternização em que se realizaram. Trata-se de diálogos e mensagens em torno de importantes questões da vida.

Reunidos pelo devotado companheiro Hércio Marcos Cintra Arantes, que os retirou do arquivo das horas, constituíram originalmente os livros editados por esta editora com os títulos *Entrevistas* (1972) e *Encontros no Tempo* (1979), trazendo páginas que guardam ainda hoje expressivo conhecimento do pensamento espírita cristão através do médium Francisco Cândido Xavier.

Agora, esses livros foram compilados em um só volume.

São contribuições para o estudo e a meditação, não só com vistas ao ontem, quando foi escrito, como também ao hoje e ao amanhã.

Sem qualquer pretensão de ensinar, Diálogos e Mensagens, oferece ao leitor observações e reflexões, sem outro propósito que não seja o do aprendizado do bem, na escola da vida.

Diálogos e Mensagens

um

Ateísmo

P – Diga-nos algo àqueles que se dizem conscientemente ateus.

R – *Emmanuel comumente nos diz que o ateísmo é uma condição transitória para o Espírito, considerando-se que todos nós somos criaturas imortais. O ateísmo assim pode ser considerado por faixa de sombra, em nossa estrada evolutiva. Uma espécie de túnel que atravessamos na direção da claridade.*

O Espírito de Cristo. Evolução

P – Sobre a natureza e a evolução do Espírito de Cristo: Ele ascendeu pela escala evolutiva normal em outros mundos, ou foi criado Espírito puro?

R – *Sempre que indagamos sobre isso aos Amigos Espirituais, não sei se por reverência ou se eles consideram oportuno adiar para nós o total conhecimento da Verdade, informam nossos Benfeitores que o Espírito de JESUS CRISTO lhes surgiu tão imensamente alto nos valores de evolução e sublimação que, quando acordados para a verdade, não conseguem falar a respeito do Senhor senão com um apreço que se avizinha do deslumbramento. Algo parecido com aquilo que sente a criança num curso primário de instrução ao tomar contato com um professor da mais elevada expressão no terreno da cultura e do sentimento. Saberão falar de Cristo, diz-nos Emmanuel, mas quando conquistarem a lente espiritual adequada à compreensão ou maturidade de que necessitam para isso. Até que o consigam, sentem-se os Amigos da Vida Maior, perante o Cristo, como quem se vê iluminado por uma luz forte demais para ser analisada sem os instrumentos precisos.*

Degredo para mundos primitivos

P – Se os Espíritos têm idades diferentes, chegado o Terceiro Milênio, os que tiveram chances de evoluir, e permanecem atrasados, serão arrastados com os maus para um planeta de vivência primitiva?

R – *Márcia, muitas realizações para o Terceiro Milênio, segundo Emmanuel, poderão talvez ocorrer depois de 2.990. Imaginemos, pois, certos fenômenos de triagem na coletividade humana para séculos não muito próximos. Os Amigos Desencarnados afirmam que na própria galáxia, de cuja vida e grandeza partilhamos, existem numerosos mundos de feição primitiva, aptos a nos receberem para estágios mais simples de progresso espiritual, caso não queiramos seguir o surto de elevação em que a nossa Terra está penetrando.*

Sofrimentos. Como aceitá-los

P – Se é possível, dê-nos uma receita eficaz endereçada àquelas pessoas que estão sofrendo provas cármicas de intenso sofrimento.

R – *Aceitação sem inércia no trabalho de renovação íntima, é o que a Espiritualidade nos ensina. Temos aprendido que o livre-arbítrio é absoluto em nossas escolhas mentais, fazendo-se relativo quando os nossos pensamentos tomam forma, compelindo-nos*

Diálogos e Mensagens

a sentir os princípios de causa e efeito. É por isso que liberdade de escolha e destino coexistem na vida. Todos os dias na existência humana, podemos criar causas ou enfrentá-las. Desse modo, mesmo nas situações mais aflitivas da reencarnação, podemos modificar nossa vida, para melhor, aceitando o que já fizemos de nós em outras existências (ou nesta mesma existência), e procurando melhorar-nos sempre. Um irmão reeducando em qualquer instituto penal, na própria cela em que se vê segregado, conseguirá, se quiser, entrar em novo campo de aceitação do que fez de si mesmo e, agindo com humildade e compreensão, no trabalho de sua recuperação e liberdade, começará conquistando o respeito e a simpatia dos próprios guardas que o acompanham, candidatando-se ao livramento condicional e até mesmo à definitiva libertação.

Misericórdia e carma

P – O próprio Cristo revelou-nos que João Batista era a reencarnação do profeta Elias. Registra a Bíblia que Elias mandara degolar diversos filisteus. Sabemos também que João Batista foi degolado a pedido da caprichosa Salomé. Jesus amava João

Batista, mas a lei cármica funcionou para o prenunciador dos novos tempos. É assim que a morte de Batista deve ser interpretada?

R – *Conforme ensinamentos da Espiritualidade Superior, sempre que estejamos em função da justiça devemos exercê-la com misericórdia. Cremos sinceramente que João Batista, o Precursor, era Elias reencarnado. O respeito devido ao Evangelho não nos permite anatomizar o problema da morte de João Batista. Mas perguntamos a nós mesmos, na intimidade de nossas orações, se ele não se teria exonerado do rigor do carma caso agisse com misericórdia no exercício do que era considerado justiça para com a família de Herodes. É um ponto em minhas reflexões na veneração com que cultivo o amor pelos vultos inesquecíveis do Cristianismo.*

Retorno à tarefa mediúnica

P – Você escolheria reencarnar no Terceiro Milênio para prosseguir na tarefa de soerguimento do Espírito Humano?

R – *Nos tempos últimos, as tarefas mediúnicas se tornaram cada vez mais agradáveis*

Diálogos e Mensagens

para mim, e, de tal modo, que, se eu pudesse escolher, seria para mim um privilégio voltar à Terra na condição de médium, na Doutrina Espírita, não com a ideia de que eu esteja trabalhando no soerguimento do Espírito Humano, mas no soerguimento e melhoria de mim mesmo.

Trabalhador, até o último instante

P – Se soubesse ter chegado a seu último dia na Terra, que faria nesse dia?

R – *Se soubesse de meu último dia no corpo, cancelaria qualquer tarefa, como sejam viagens ou contatos outros, para trabalhar, no máximo, com os Bons Espíritos de modo a aproveitar o restinho de tempo que estivesse ao meu dispor.*

Prudência nas revelações mediúnicas

P – Nem tudo o que você recebe dos Espíritos é transmitido às criaturas humanas. Se é exata esta suposição, qual é o motivo?

R – *O médium, na Doutrina Espírita, à medida que se conscientiza nas tarefas que desempenha, aprende com os Espíritos Amigos que só interessa o bem das criaturas e que o mal não merece considerações, a não ser aquelas que nos levem a extirpá-lo com espírito de amor. Por isso, tarefa mediúnica inclui a triagem necessária dos assuntos a serem comunicados, para que o bem seja sustentado entre nós. O médium responsável é semelhante ao guarda-chaves da ferrovia: deve ter cuidado na passagem dos comboios evitando qualquer desastre. No caso é a passagem ou a filtragem das ideias.*

Energia atômica e energia mental

P – A fórmula de Einstein para a bomba atômica é $E = mc^2$ (ou seja "A energia liberada é igual à massa multiplicada pelo quadrado da velocidade da luz"). Em termos espirituais, poderia dizer-nos o significado intrínseco do conteúdo da fórmula da Bomba Atômica, ou ainda, o da liberação da Energia Atômica?

R – *Do ponto de vista dos matemáticos, conforme as minhas próprias experiências, eu precisaria estudar por muitos milênios ainda para ser um Enrico Fermi ou outro qualquer dos Espíritos notáveis que cooperaram na fórmula da bomba atômica, a fim de entrar com proveito na faixa dos Espíritos Sábios que tratam do assunto. Penso, porém, que poderemos imaginar como será belo o nosso mundo, já maravilhoso por si, quando soubermos liberar a energia mental para o bem de todos.*

Suicídio. Como evitá-lo

P – Se você dispusesse de alguns breves instantes para falar a uma pessoa prestes a suicidar-se, que diria a essa pessoa?

R – *Diria imediatamente, qual já tenho feito em diversas ocasiões, que a morte não existe como extinção da vida e que convém a essa pessoa uma pausa para pensar nas próprias intenções e revisá-las.*

Hipnose e magnetismo nos Centros Espíritas

P – Sabendo-se do inegável valor da hipnose na terapêutica de variados males humanos, e sobretudo nos trabalhos espirituais, seria razoável imaginar-se o uso intensivo dessas forças magnéticas – incluídas a telepatia, a psicometria e a telecinese – nos Centros Espíritas do futuro?

R – *Sim, quanto ao futuro e talvez futuro remoto. Por enquanto, como devemos trabalhar considerando o todo da comunidade e não a parte que somos, nos será aconselhável, nos templos espíritas cristãos, condenar todos os recursos da hipnose ou do magnetismo em suas diversas derivações, no auxílio do passe e da oração de ordem curativa, confiando-nos a Jesus e aos Bons Espíritos que saberão encaminhar nossas forças e manejá-las em nível de elevação adequado, não aos nossos desejos, e sim às nossas necessidades. Menos fenômeno e mais socorro, com o Amor iluminando qualquer observação.*

Evolução da sociedade terrestre

P – Existe comparação válida entre Sodoma-Gomorra e os tempos atuais?

R – *Os otimistas, digo, com licença deles, dirão talvez que a Terra caminha para mais altos horizontes em matéria de compreensão.*

Diálogos e Mensagens

*E, na certeza de que nunca seremos abando-
nados pela Providência Divina, acreditam que
Deus nos concederá recursos para burilar-nos,
no tocante ao amor, a fim de que a sociedade
terrestre, depois de longas experiências, possa
atingir o máximo de paz e felicidade, no rela-
cionamento comum entre as criaturas que a
constituem.*

Evolução e determinismo

P – Tudo que existe é um convite à Evolução?
Um desafio determinístico situado para além do nosso livre-arbítrio?

R – *Admitimos que a evolução, como aprimoramento dos seres, é tão fatal como a vida que
desafia a morte para continuar além dela. O
quadro de ordenações determinísticas nesse sentido escapa ao nosso senso humano de
apreciação. Isso, no entanto, não invalida a
livre escolha em nossos pensamentos na esfera individual, no que tange ao destino dentro
da vida. A evolução é fatal, mas, em nós mesmos, dispomos da faculdade de seguir com o
carro do progresso ou marginalizar-nos em
certas paradas no caminho por nossa própria
conta.*

A influência dos números

P – Pessoalmente, e por experiência própria, acredito na influência dos números na vida das pessoas, ou da comunidade. A Bíblia contém citação frequente de certos números, por exemplo: a criação do mundo em 7 dias, o sonho de José com as 7 vacas magras e as 7 gordas, o perdão deve ser dado setenta vezes sete, o Apocalipse cita o número 7 dezessete vezes, etc. Até que ponto se pode crer na presença dos números em nossa vida?

R – *A numerologia deve trazer em si um mundo vasto de significações, que demanda estudos adequados com a supervisão de especialistas do assunto. Não disponho de elementos para confirmar ou negar as assertivas das autoridades que se manifestam nessa área de investigações espiritualistas. Guardo, porém, a convicção de que, em nosso renascimento, já trazemos, por inspiração dos Benfeitores Espirituais que nos assistem, a influência dos números de que estejamos necessitados para que a vida nos conceda o melhor que sejamos dignos de receber. E isso acontecerá até que possamos conquistar a numerologia como ciência para o domínio de nossos conhecimentos.*

Diálogos e Mensagens

Divaldo Pereira Franco. Faculdades

P – E Divaldo Pereira Franco, o médium de Salvador? Há quem diga que ele só fica mediunizado quando fala às multidões e não quando escreve livros.

R – *Encontrei Divaldo em novembro último e achei-o muito bem animado. Se ele recebe os Espíritos enquanto fala – e Divaldo tem estrelas na ponta do verbo – por que não haveria de estar mediunizado também enquanto psicografa? O que acho notável em Divaldo é sua perseverança no trabalho. Enquanto muitos desistiram a meio caminho, ele prossegue imperturbável. Ele não parou nunca, e isto é uma beleza, não é?... Impossível esquecer isso.*

No Campo do Mundo

EMMANUEL

A *vida humana é semelhante ao campo comum*.

Ao *longo de seus vales e montes, encontramos variada flora espiritual*.

Nas *existências afortunadas e inúteis, vemos frondosas árvores infrutíferas*.

Nas *almas em sofrimento, sentimos a poda que melhora a colheita*.

Nos *corações enrijecidos pelo desencanto, reconhecemos galhos secos ao sopro frio do inverno*.

Nos *preconceitos e melindres pessoais que impedem a visão da realidade, anotamos a tiririca invasora que habitualmente destrói lavouras e jardins*.

Na *tristeza e no desânimo, observamos o cupim e o charco prejudiciais, adiando a produção enobrecedora do solo*.

Nas *recordações enfermiças, identificamos a hera asfixiante*.

Nas *palavras primorosas, sem atos que as materializem, a benefício das criaturas, catalogamos as belas plantas parasitárias, que exibem flores extravagantes sem proveito*.

Diálogos e Mensagens

Nos oportunistas sem mérito, surpreendemos o cipó viridente e florindo na copa da palmeira, de onde será apeado, a qualquer momento, sem altura própria.

Nos sonhos mortos, registramos as raízes cadaverizadas do chão.

No incessante movimento da fraternidade e da luz, temos a vida renovada.

O espírito juvenil – chama que independe da forma, do tempo e do espaço – é a claridade de hoje, expandindo-se na direção de amanhã.

Conservemos, inalteráveis, a atividade, a esperança e o entusiasmo na extensão da Boa Nova.

Aqueles que não desistem de aprender e servir com Jesus, em quaisquer circunstâncias, são os ramos da vida eterna, florindo e frutificando, sem cessar, na seara do bem infinito.

Discípulos de um Mestre, cujo amor jamais envelhece, permaneçamos em sua vanguarda de trabalho e abnegação pelo aperfeiçoamento da Humanidade inteira.

Cristo ontem, hoje e amanhã...

Incorporados, todos nós, ao vigor imperecível do Evangelho, que o privilégio de segui-lo, no campo ilimitado da vida, à plena luz da verdade, seja nossa constante alegria, na grandeza do Sempre.

(Comparações de Emmanuel sobre a vida humana e o campo do mundo, psicografadas em reunião pública do Centro Espírita Luiz Gonzaga, na cidade de Pedro Leopoldo, MG, em 1950.)

dois

Livros - filhos

P – Por que é que você considera os livros de sua lavra mediúnica como sendo seus filhos?

R – *Sempre considerei que qualquer tarefa guarda afinidade inextinguível com quem a realiza. Uma casa, por exemplo, é filha do engenheiro que lhe deu forma. Determinada utilidade nasce da mente que a inventou, embora reconheçamos que a inspiração dos Planos Superiores está presente em toda realização edificante. Penso, deste modo, que o livro mediúnico está ligado não só ao Espírito amigo que o escreveu, mas também ao médium que lhe emprestou o concurso para que as páginas espirituais viessem à luz.*

Diálogos e Mensagens

Tristeza e alegria pessoal

P – Chico, no arquivo de suas recordações, qual é o episódio que lhe traz tristeza e o que lhe dá mais alegria?

R – *Se tenho algum pensamento de tristeza é o de não ter aproveitado convenientemente até hoje, no trabalho mediúnico, tantos ensinamentos nobres, quais os que têm passado por minhas mãos. E o episódio que me causa mais alegria é o de haver conhecido a Doutrina Espírita, que tanta proteção e amparo me dispensa, auxiliando-me a compreender os meus próprios erros e reduzi-los.*

Aos médiuns iniciantes

P – Depois de tantos anos na Mediunidade, o que você teria a dizer aos médiuns iniciantes?

R – *Que, apesar das fraquezas e imperfeições que ainda carregamos, na condição de Espíritos reencarnados, trabalhar com os Bons Espíritos, estudando e servindo, é sempre o melhor meio de sustentar-nos em atividade, seja em nossos grupos particulares ou seja em nossas instituições.*

Animismo

P – Qual a receita que você apontaria contra o animismo?

R – *Aprendi com o nosso abnegado Emmanuel que o médium é também um Espírito necessitado de socorro e de orientação. Desse modo, se o chamado animismo aparece em determinado grupo, devemos atender ao companheiro ou à companheira, envolvidos no assunto, com o mesmo carinho e atenção que dispensamos comumente ao Espírito desencarnado, quando no intercâmbio conosco.*

Receita da felicidade

P – Qual o caminho mais fácil para alcançar a felicidade?

R – *Caro amigo, o caminho da felicidade, bem sei qual é. É o caminho que Jesus nos apontou, ensinando-nos a amar ao próximo, tal qual Ele mesmo nos ama e nos amou. Difícil para mim é andar no caminho da felicidade, embora eu saiba que o mapa está no Evangelho do Senhor...*

Diálogos e Mensagens

Dor e esforço

P – Chico, por que o homem sofre?

R – *Acreditamos que o homem dramatiza talvez demais o problema da dor, porque nada de bom se adquire sem esforço. E todo esforço, seja para aprender ou reaprender, edificar ou reedificar, exige sofrimento. Creio que o sofrimento é uma necessidade inarredável da evolução e do aprimoramento que nos cabe realizar.*

Esmolas

P – Quando é que a esmola deixa de auxiliar e passa a prejudicar os que dela necessitam?

R – *Penso que esmola nunca prejudica, porque a alegria de auxiliar é sempre maior que a alegria de receber. Neste assunto, creio que as facilidades excessivas para quem não se preparou convenientemente para recebê-las, em real proveito de si mesmo ou em proveito dos outros, é que gera muitos desequilíbrios que poderiam, talvez, ser evitados.*

A conquista da fé

P – Inegavelmente, a fé é uma das conquistas

mais difíceis para o Espírito. Como torná-la menos penosa?

R – *A conquista da fé, a nosso ver, se faz menos penosa quando resolvemos ser fiéis, por nós mesmos, às disciplinas decorrentes dos compromissos que assumimos.*

Mediunidade. Obstáculos

P – Chico, qual o obstáculo mais difícil a vencer na Mediunidade?

R – *Os obstáculos mais difíceis ao desenvolvimento da mediunidade estão sempre em nós mesmos. Quando deixamos o trabalho mediúnico para entregar-nos a tipos de atividade inconveniente, estamos habitualmente cedendo às tentações que ainda trazemos em nós mesmos, constantes das tendências inferiores que ainda remanescem, dentro de nós, em nos referindo à herança pessoal que trazemos de existências passadas.*

Parapsicologia e Espiritismo

P – A Parapsicologia surgiu para auxiliar ou para destruir o Espiritismo?

Diálogos e Mensagens

R – A Parapsicologia, como ciência pura, sem propósitos de agir dogmaticamente, a serviço dessa ou daquela religião, é sempre uma atividade valiosa, capaz de acordar as inteligências para as realidades da Doutrina Espírita.

Experiência mediúnica

P – Como médium, qual foi a sua maior experiência?

R – O trabalho com os Espíritos Amigos ainda e sempre é a minha maior experiência em mediunidade, porque, diariamente, eles nos trazem novas lições.

Atendimento espírita ideal

P – Chico, desde 1927, você tem acompanhado a evolução do Espiritismo no Brasil, e ninguém melhor do que você tem percebido a grande afluência de pessoas às nossas casas espíritas. A que atribuir sedenta procura? Como nós, os espíritas, devemos preparar-nos para dar-lhes o que buscam?

R – Desde muito tempo, o nosso caro Emmanuel

nos fala dessa necessidade de preparar-nos pelo estudo e pelo trabalho, a fim de atender às necessidades espirituais, sempre maiores no campo humano. Se cada companheiro de Doutrina Espírita produzir o melhor que pode em favor dos irmãos necessitados de esclarecimentos e paz, estaremos caminhando para o atendimento ideal, em nossas casas de fé.

Inspiração e intuição. Limites

P – Onde termina a inspiração e começa a intuição?

R – *Não tenho uma noção exata do ponto de interação de uma e de outra. Chego a pensar que intuição é a inspiração quando cresce, induzindo-nos a sentir, pensar e fazer, conforme as nossas próprias obrigações.*

três

André Luiz. Revelação gradativa

P – O Espírito André Luiz, em alguma oportunidade, tem se referido à complexidade relativa dos temas abordados em livros como *Evolução em Dois Mundos* e outros?

R – *Ele diz que enfocou os problemas em Evolução em Dois Mundos e em Mecanismos da Mediunidade, mas fez o que foi possível, sem desejar uma antecipação muito grande no campo da marcha dos nossos conhecimentos. Mesmo porque isso poderia parecer uma pretensão dele como cooperador nas verdades que estão sendo trazidas até nós pelos amigos espirituais. Naturalmente que ele deixou essa contribuição como recurso àqueles que, na escola dos nossos princípios, solicitam um campo de maior indagação de ordem científica, para o estudo de Allan Kardec, em conexão com Jesus*

Cristo. Mas compreende que, do ponto de vista de comunidade, devemos continuar no campo das observações e anotações gradativas em torno do mundo espiritual, para que não haja um movimento muito agigantado da baliza. É muito importante que aqueles que assumem o papel de companheiros na lição não se desliguem demasiadamente dos companheiros de lição que trazem o nome de alunos, mas que não são alunos, são cooperadores. Nós outros, os encarnados, temos que caminhar com todos e eles também conosco. Se fizermos uma frente muito avançada, perderemos o contato com a nossa família que, de modo geral, necessita ainda muito mais de consolação, de encorajamento, de apaziguamento, de esperança, de fé e mesmo de muito amor, antes de qualquer avanço intelectual muito intenso. Então, ele acha que muitos tarefeiros dessa ordem virão a seu tempo, para mais amplo desenvolvimento do campo doutrinário, embora reconheça que muitos companheiros que têm sede do conhecimento estejam esperando um movimento frentista, mais adequado ao mundo moderno, mas que é importante não perdermos de vista a necessidade de seguirmos todos juntos. Não sei se me expressei bem.

Isso não é desalentador, não significa retardamento, mas espírito de solidariedade *humana, para que todos marchemos no mesmo ritmo, tanto quanto possível, num movimento em que não estamos cogitando de ganhar uma guerra contra a ignorância, mas ganharmos a paz num movimento de iluminação geral.*

A Vida, até hoje na Terra, é mais importante do que a Verdade. Conquanto reconheçamos o imperativo da verdade iluminando a vida em todos os setores, não podemos nunca perder de vista a vida, em favor exclusivo da verdade, porque estamos em evolução, em desenvolvimento. Então, a verdade tem de ser dosada na farmácia do conhecimento, para que a vida possa crescer e dar os seus frutos de sublimação dentro dessa mesma verdade, que é a verdade inalterada para nós todos.

Futuro. Como vivê-lo hoje

P – André Luiz disse que o homem, para ajudar o presente, precisa viver o futuro da raça. Se nós pararmos demasiadamente na procura de consolação, poderemos estar perdendo o contato com a realidade, não acha?

R – *André Luiz fala que, sem dúvida, nós devemos procurar sempre viver o futuro no presente, mas, se possível, 20 por cento com o cérebro e 80 com o coração.*

quatro

Escolas infantis nos Centros

P – Face o crescimento das Juventudes e Mocidades espíritas, onde cada jovem deve ter sua tarefa de serviço, não seria de bom alvitre que todos os Centros Espíritas organizassem as Escolas de Moral Cristã para as crianças?

R – A escola de preparação infantil no Evangelho, nos Centros Espíritas, é um impositivo, a que não podemos fugir sem grave dano institucional para as nossas edificações doutrinárias do presente e do futuro.

Crianças. O que lhes oferecer

P – Como encaramos a criança dentro do Espiritismo Cristão?

R – Cada criança que surge é nosso compa-

Diálogos e Mensagens

nheiro de luta, na mesma experiência e no mesmo plano, enquanto encarnados, cabendo-nos a obrigação de oferecermos a ela condições melhores que aquelas em que fomos recebidos, a fim de que se constitua nosso continuador sobre a Terra melhor a que retornaremos mais tarde.

Moços. Estudo do Evangelho

P – Nas reuniões de estudo dos moços, em seus núcleos juvenis-espíritas, haverá algum inconveniente no estudo direto dos textos evangélicos contidos no Novo Testamento?

R – *Não compreendemos Espiritismo Cristão sem Evangelho. Sem Cristo, a nossa Doutrina será um soberbo palácio de princípios científicos e filosóficos, mas vazio e inerte, sem utilidade para ninguém.*

Criança. Formação cristã

P – É possível a renovação do mundo em que habitamos, além da reforma interior de cada um para o Bem, sem darmos à criança de hoje o embasamento Evangélico?

Chico Xavier

R – *Sem a renovação espiritual da criatura para o bem, jamais chegaríamos ao nível superior que nos compete alcançar.*

Ajudar a criança, amparando-lhe o desenvolvimento, sob a luz do Cristo, é cooperar na construção da reforma santificante da Humanidade, na direção do mundo redimido de amanhã.

Sessões mediúnicas e escolas infantis

P – À vista do conceito de que *a criança é o futuro,* estará sendo eficiente, como cooperadora de Jesus, a diretoria de Centro Espírita que só se aplica com sessões mediúnicas?

R – *Há Centros de nosso ideal espiritista cristão que naturalmente funcionam à maneira de pronto-socorro para os sofrimentos morais que envolvem encarnados e desencarnados e, quanto a isso, será sempre de bom alvitre ponderar a especialização de cada agrupamento de companheiros da caridade e da luz.*

Entretanto, ainda que não seja de solução imediata o problema infantil nos conjuntos que atendem à finalidade a que nos referimos, o assunto não deve ser considerado

Diálogos e Mensagens

indevassável ou inútil, a fim de que a escola de formação evangélica da criança se materialize, junto deles, tão logo se ofereça a necessária oportunidade.

Caridade e autodefesa

P – Diante da necessidade de assistência direta a um irmão em Humanidade, portador de uma moléstia contagiosa, como a tuberculose, a lepra, etc., como devemos proceder?

R – *Evitar o abuso é dever, mas acima de quaisquer impulsos de autodefesa em nossa vida, prevalece a caridade, com o seu mandato de amor, sacrifício e luz.*

Cremos que a higiene não deve funcionar em vão, por isso mesmo, não vemos qualquer motivo de ausência do nosso esforço fraterno, junto dos irmãos enfermos, a pretexto de preservarmos a nossa saúde, de vez que, também, de nós mesmos, temos ainda pesados débitos para resgatar.

Reencarnação.
Seleção de valores novos

P – Já está havendo intensificação no selecionamento de Espíritos para reencarnação, nestes últimos tempos, dadas as frequentes demonstrações de precocidade?

R – *A intensificação no trabalho seletivo de valores novos para o mundo regenerado de amanhã, na esfera da reencarnação, vem sendo levada a efeito de modo gradativo pela Espiritualidade Superior.*

Mediunismo e educação da criança

P – Seria de melhor proveito se os Centros Espíritas se dedicassem mais à elucidação das crianças, embora diminuindo trabalhos de mediunismo?

R – *A assistência à mente infantojuvenil, no campo do Espiritismo Cristão, é serviço básico de que não deveríamos descurar.*

A educação é obra de tempo, esforço e paciência, e sem que nos voltemos para a sementeira com a dedicação precisa, não alcançaremos a colheita valiosa.

Repetimos que a criança é o futuro, com a preocupação de que os princípios do bem ou do mal que inocularmos na formação do mundo

Diálogos e Mensagens

infantil são vantagens ou desvantagens para nós mesmos, uma vez que o porvir nos espera, de modo geral, em novas existências.

Cremos, assim, que, se necessário, a redução dos trabalhos do mediunismo é medida de importância fundamental nas instituições do Espiritismo Evangélico, favorecendo-se maior expansão da obra de socorro espiritual à criança, na execução dos nossos programas doutrinários.

P – Será um mal explicar à criança as finalidades do mediunismo?

R – *O conhecimento, em qualquer de suas modalidades, deve ser dosado na distribuição que lhe diga respeito.*

Dentro das possibilidades de compreensão, em cada classe de aprendizes da nossa Consoladora Doutrina, os ensinamentos rudimentares, acerca do mediunismo, são sempre úteis, ressalvando-se, porém, a necessidade de evitar-se o excesso em quaisquer atividades, nesse sentido, para não viciarmos a imaginação infantil com inutilidades ou inconveniências que redundariam em prejuízo ou perda de tempo.

Encarnados e desencarnados.
Posições

P – É de boa orientação os encarnados preocuparem-se mais com os seus *semelhantes* do que com os desencarnados, nas sessões práticas, através de estudos metodizados?

R – *Acreditamos que, quando a palavra do Senhor nos induziu ao auxílio do próximo, naturalmente cogitou do próximo mais próximo de nós. Admitimos, assim, que, sem nos interessarmos fraternalmente pelo progresso e pela iluminação dos nossos semelhantes, quando encarnados, dificilmente seremos amigos reais ou prestimosos companheiros para os nossos irmãos desencarnados.*

P – O conceito de *Espiritismo novo* é o de admitirmos que o campo da Terra nos foi individualmente dedicado e que o *lado de lá* está afeto aos prepostos de Jesus?

R – *Certamente o trabalho geral é de cooperação, permuta e solidariedade, salientando-se, porém, que a maior percentagem de serviço dos encarnados está naturalmente concentrada no plano de matéria densa em que se agitam os seus semelhantes.*

Diálogos e Mensagens

Bom médium é médium bom

P – É oportuno o desencadeamento de insistente campanha para a transformação do *bom médium* em *médium bom*?

R – *A transformação do bom médium em médium bom é serviço precioso, de vez que não vale atender a simples fenômenos, destinados a convicções da curiosidade respeitável, mas nem sempre construtiva, e sim aproveitar os valores da Doutrina e incorporá-los à nossa própria experiência, a fim de que o próximo seja mais feliz e a vida mais elevada e mais digna, ao redor de nós.*

Desenvolvimento mediúnico

P – O desenvolvimento da mediunidade se processa mais na corrente mediúnica ou nas ações, palavras e pensamentos de todos os minutos do médium?

R – *O desenvolvimento da sublimação mediúnica permanece na corrente dos pensamentos, palavras e atos do medianeiro da vida espiritual, quando ajustado ao ministério de fraternidade e luz que a sua tarefa implica em si mesma.*

Problemas da mediunidade

P – Sendo verdade que o *clima* mental do médium atrai espíritos condizentes, bons ou maus, como agiremos diante dos médiuns que se dizem inconscientes e que dão comunicações alternadas e seguidas?

R – *O médium não deve perder de vista a disciplina de si próprio. A ordem é atestado de elevação.*

P – A tese da mediunidade inconsciente estará sendo estudada e observada com consciência pela totalidade dos médiuns que se apregoam portadores de tal mediunidade?

Cabe-nos significar-lhes nossas dúvidas ou aguardar com o tempo?

R – *Na esfera do mediunismo, há realmente incógnitas que só o esforço paciente de nossos trabalhos conjugados no tempo conseguirão solucionar.*

Incentivemos o estudo e o auxílio, dentro da solidariedade cristã e, gradativamente, diminuiremos as múltiplas arestas que ainda impedem a nossa sintonia na execução dos serviços a que fomos chamados, porquanto,

Diálogos e Mensagens

o problema não deve ser examinado unilate-
ralmente, reconhecendo-se que o serviço é de
nossa responsabilidade coletiva nos círculos
doutrinais.

Esclarecimento evangélico

P – É verdade que, quando nos reunimos
para estudos doutrinários e evangélicos, os Guias
espirituais trazem para o ambiente Espíritos necessitados de entendimento e, por isso, sofredores?

Eles lucram, mesmo sem dar comunicação?

R – *Sim. Uma simples conversação evangé-*
lica pode beneficiar vasta fileira de ouvintes
invisíveis.

Passes mediúnicos

P – O passe mediúnico só é possível através
da incorporação ou é viável sob influenciação do
Guia?

R – *O passe é transfusão de forças magnéti-*
cas de variado teor e pode ser administrado
sob a influenciação dos desencarnados, que se
devotam à caridade, sem necessidade absolu-
ta da incorporação total na instrumentação
mediúnica.

Ensino e realização

P – A concepção do *ide e pregai* é extensível às atividades do trabalhador que leva aos morros e bairros pobres a ajuda material, entregue com alegria e boas palavras?

R – *Com os atos e as palavras que traduzem o ensinamento vivo do Cristo, o ide e pregai pode ser comparado ao ide e salvareis.*

Conjuguemos o ensino com a realização e estaremos expressando Jesus para a região em que vivemos.

Aptidão mediúnica

P – O médium desenvolvido é aquele que se socorre mais pela inspiração ou o que se orienta exclusivamente pela comunicação?

R – *Preferimos responder que o médium mais apto ao serviço do bem, com os grandes instrutores da vida mais alta, será sempre aquele que se orienta, acima de tudo, pela prática viva do Evangelho da Redenção.*

A criança e os problemas da vida

P – É oferecer *desencanto* às almas das

Diálogos e Mensagens

49

crianças levá-las em visita aos lares pobres, quando da distribuição de auxílios?

R – *Não devemos impor à criança os quadros monstruosos ou infernais criados pela nossa indiferença ou pela nossa ignorância na Terra, mas o cérebro e o coração da infância podem ser singularmente auxiliados pela visão gradativa dos problemas enormes que as aguardam no futuro, na esfera do sofrimento humano.*

A criança e o futuro

P – Em razão do constante crescimento das hostes espiritistas, o que é visível em superfície, é de boa lógica o cuidarmos desde já da segunda linha – as crianças – para que elas nos substituam, porém, crescidas em profundidade?

R – *Amparemos a inteligência infantil, a fim de que o coração da Humanidade fulgure com o Cristo, no porvir sublimado do mundo de amanhã.*

O Espiritismo, como renascença do evangelismo, é a nova aurora da redenção humana. Em suas luzes divinas, a criança pode e deve receber o glorioso roteiro de nossa ascensão para a vida superior.

Mãe

ANTHERO DE QUENTAL

Disse o Inferno à alma triste, em sombra densa,
Que no Além pervagava, em noite escura: –
– "Eu sou a grande e eterna desventura
Que recebes por dura recompensa."

E disse a Dor: – "Em minha treva imensa,
Sorverás o teu cálix de amargura...
Sou chama imperecível de tortura
Que vergasta com fria indiferença!..."

Mas terna e doce voz clamou da Terra: –
– "Eu sou o Amor Divino que não erra
Vem a mim, alma pobre e desvalida!..."

E o Coração Materno, em riso e pranto,
Abriu-lhe o seio dadivoso e santo
E deu-lhe novamente a luz da vida.

(Importância da maternidade definida pelo Espírito de Anthero de Quental, em reunião pública do Centro Espírita Oriente, em Belo Horizonte, Minas Gerais, em soneto psicografado pelo médium Francisco C. Xavier, na noite de 14 de maio de 1950.)

Diálogos e Mensagens

cinco

O verdadeiro amor

P – Defina para os nossos leitores o que vem a ser, realmente, o verdadeiro amor.

R – *O amor verdadeiro é aquele que Jesus exemplificou: aquele que se doa com sentido e espírito de sacrifício, para que a pessoa amada se faça feliz, pois toda vez que nós desejamos algo de alguém, ou que nosso amor pede algo de alguém, ele tem sempre matizes de egoísmo.*

O amor verdadeiro é aquele que se entrega do ponto de vista do sacrifício pessoal, sem qualquer recompensa.

O ódio e a ignorância

P – Qual é – no seu modo de ver – a maior ameaça à humanidade, na atualidade?

R – *Parece-nos que a ameaça que paira sobre a humanidade será a de todos os tempos: a ameaça que pode sobrevir do ódio e da ignorância, quando nós não desejamos o aprimoramento individual e não cogitamos de proteção mútua na vida coletiva. O ódio e a ignorância são os nossos maiores inimigos, porque são eles que geram as guerras. As guerras seguem sempre a trajetória do ódio e da ignorância. Do ódio vem a separação, e da ignorância pode surgir o egoísmo.*

A crença de cada um

P – O senhor acha válida, realmente, a crença em pitonisas, adivinhos, horóscopos, etc.?

R – *Não tenho autoridade para estar dando opiniões em assuntos quaisquer, e é importante que eu diga isso ao nosso caro jornalista, para que ninguém julgue seja de minha parte uma pessoa capacitada para informar sobre os diversos departamentos de luta e de evolução no campo da humanidade. As crenças sempre existiram, e cada pessoa procura Deus ao seu modo. Se nos acharmos à frente de alguém, e que adora determinada pedra em nome de Deus, devemos respeitar esse alguém, porque é*

Diálogos e Mensagens

o melhor que esse alguém pode fazer em nome de Deus. De modo que, pitonisas, adivinhos, e porque não dizer, médiuns, sacerdotes, cada um tem a sua tarefa, e nós todos devemos estar dentro daquele respeito recíproco, com que devemos reger a nossa vida, para que tenhamos melhor conhecimento de nós mesmos e maior extensão de fé na Providência Divina que dirige nós todos.

seis

Tarefas mediúnicas

P – Após cinquenta anos de trabalho mediúnico, como você vê sua tarefa e do grupo de Espíritos comandados por Emmanuel, para o desenvolvimento do Espiritismo?

R – *De mim mesmo, sinceramente, não saberia responder a sua pergunta, porque nunca senti o trabalho dos Amigos Espirituais, por meu intermédio, como algo meu, e sim deles mesmos, os autores desencarnados que produziram as páginas mediúnicas a que nos referimos. Em meu trabalho, reconheço-me na condição da planta que obedece ao pomicultor sem capacidade para avaliar o que produz e que entrega à apreciação ou ao consumo dos outros.*

Pureza doutrinária

P – Você acha que a defesa da pureza doutrinária seja um perigo para a evolução das ideias espíritas, prejudicando novas contribuições para nosso entendimento?

R – *Pessoalmente creio que devemos cultivar o patrimônio da Codificação Kardequiana e defendê-lo, assumindo atitudes francamente espíritas-cristãs, mas, a meu ver, deveremos criar caminhos de encontro com os nossos irmãos de outros setores do mundo cristão, sem comprometer-nos em qualquer perda de substância ou de altura, no campo doutrinário de nossos princípios libertadores. Emmanuel sempre nos diz que nos achamos num caminho de trabalho pela confraternização e valorização de cada criatura em si, motivo pelo qual admito que o diálogo entre nós, os cristãos de qualquer procedência, é sempre necessário e construtivo.*

A vida é mais importante do que a verdade

P – Certa vez você nos disse, transmitindo, ao que nos parece, recado de André Luiz, que *a vida é mais importante do que a verdade*. Entretanto Jesus afirmou: *conhecereis a verdade e a verdade vos fará livres*, como situar o problema da vida nesse contexto?

R – *Jesus realmente nos disse: 'conhecereis a verdade e a verdade vos fará livres', mas não nos disse quando a conheceremos. Porque, na realidade, esse conhecimento tão somente será adquirido por nós vivendo a vida que a Divina Providência nos concedeu. Nesse sentido, creio não seja difícil reconhecer que a vida precede o conhecer, porquanto só a experiência nos propicia o conhecimento real.*

Paralisação do trabalho mediúnico

P – Em torno de seu trabalho mediúnico cresceu vigorosa unidade de pensamento espírita, a ponto de, sem qualquer bajulação, poder ser afirmado que passou a ser um padrão de aferição. Como o plano espiritual encara uma eventual paralisação, no futuro, desse trabalho que abriu novas perspectivas para o nosso movimento?

R – *Não posso me imaginar como peça essencial nesse trabalho a que você se refere. Sou apenas médium, e os médiuns estarão sempre em serviço da vida comunitária, em qualquer parte do mundo. A paralisação, a que você se reporta, a meu ver, nunca surgirá, porque a Doutrina Espírita não é uma revelação*

Diálogos e Mensagens

estanque, e sim uma oficina dinâmica de progresso e aperfeiçoamento geral.

Depoimento pessoal. Privilégios

P – Gostaríamos de um depoimento pessoal seu acerca das dificuldades que enfrentou nesses cinquenta anos de mediunidade. Isso porque, muitas vezes, julga-se que um médium como você, um líder ou dirigente, é um ser privilegiado, que não suporta dores e aborrecimentos. Suas palavras poderão ajudar a muitos a suportar pequenos problemas em benefício da causa e de si mesmos.

R – *Nunca me identifiquei na condição de um ser privilegiado. Perdi minha mãe aos cinco janeiros de idade. Fui entregue a um lar estranho ao que me vira nascer, onde, felizmente, apanhei muitas surras. Comecei a trabalhar aos dez anos de idade, numa fábrica de tecidos, onde estive quatro anos. Adoecendo dos pulmões por excesso de pó, ao respirar com meu corpo ainda frágil, passei imediatamente a servir na condição de caixeiro, num pequeno armazém, onde dividia o trabalho entre as vendas e os cuidados com a horta dos proprietários, num esquema de horários que ia das sete da manhã às nove da noite.*

Em 1931, entrei para o Ministério da Agricultura, ao qual servi por trinta e dois anos consecutivos. Adoeci dos olhos, igualmente em 1931, e perdi totalmente a visão do olho esquerdo, há quarenta e seis anos. Já passei por cinco operações cirúrgicas de grande risco; sempre lutei com doenças e conflitos em meu corpo e em minha mente e, por fim, sou agora portador de um perigoso processo de angina, com crises periódicas que me levam a moderar todos os meus hábitos.

Com tantos problemas que vão me ajudando a viver e a compreender a vida, não sei que privilégio a mediunidade teria trazido em meu favor. Digo assim porque, se completo agora cinquenta anos sucessivos de tarefas mediúnicas ativas, também completei quarenta anos de trabalho profissional intenso, em 1961, de cuja aposentadoria trouxe a consciência de não haver faltado com as minhas obrigações.

E pode crer você que, falando a nosso Emmanuel sobre isso, ele me disse não ver qualquer vantagem a meu favor, porque apenas tenho procurado cumprir o meu dever e reconheço, de minha parte, que os meus deveres são imperfeitamente cumpridos.

Diálogos e Mensagens

Técnica de comunicação dos Espíritos

P – Emmanuel e André Luiz, mais especificamente, têm desenvolvido uma técnica de comunicação escrita, que nós outros, empenhados na divulgação doutrinária, julgamos altamente inovadora. Representa uma antecipação do futuro da comunicação humana. Poderia pedir a André Luiz que sintetizasse sua concepção da forma mais efetiva para transmitir uma ideia?

R – Se André Luiz nos responder, escreverei os apontamentos que ele nos possa dar. De mim mesmo, nada posso dizer sobre a sua indagação estruturada com palavras tão belas e tão expressivas. Se os nossos amigos Emmanuel e André Luiz nos trouxeram uma técnica de divulgação da nossa Doutrina assim tão nobremente inovadora, de minha parte fico muito satisfeito e reconheço que o mérito disso pertence a eles. Isso digo porque, em mim e para mim, a inovação que devo fazer em minha própria alma tem sido duramente difícil e sou sempre um Chico Xavier lutando para criar um Chico Xavier renovado em Jesus e que, pelo que vejo, está muito longe ainda de aparecer como espero e preciso.

Caminho do Bem

MARIA DOLORES

Caminheiro do bem, sigamos juntos
A entender, renovar e construir,
Determina o progresso se garanta
A vitória do amor, ante o Sol do Porvir.

A fim de continuar, no entanto, sublimando
Ideia, ação e vida em derredor,
Sujeitar-nos ao bem para que o bem se expanda
É o esquema dos Céus para a Terra Melhor.

Olha as claras lições da Natureza
No trabalho em silêncio a fulgurar sem nome,
Pão é trigo esmagado alimentando a mesa,
E para que a luz se faça a força se consome.

Não há carro sem peças que se ajustem
À interação por força de regime,
Nem solo que produza sem cuidado
Ou ponte sem apoio a que se arrime.

Diálogos e Mensagens

Estruturando a forma, espécie a espécie,
Átomos giram sob certas rotas
E o Sol que nos aquece o brilho da existência
Move-se obedecendo à compulsões remotas.

Para doar-te auxílio, exige o lume
Vigilância e controle firme e atento
E subordinarás o verbo a que recorras
Para expressar-te os dons do pensamento.

Renovação e paz, harmonia e beleza,
Tudo o que nos melhora e nos guarda a esperança
Encontra no trabalho a suprema alegria,
Segundo a Lei do Amor que, em tudo, nos alcança.

Por isto, alma querida, onde estiveres
Elevando o lugar que te bendiz,
Deus te iluminará o coração e a estrada
Porque servir e amar é ser forte e feliz.

(Mensagem poética que Chico Xavier psicografou em Araxá, na reunião pública no Centro Espírita Caminheiros do Bem, em 12 janeiro de 1976.)

Chico Xavier

sete

P – Que é melhor para a Humanidade: Religião ou Justiça Social?

R – *Em que pese o nosso profundo respeito às conquistas humanas que visem ao aprimoramento da vivência social do homem na face da Terra, desejamos relembrar que as lutas pela Justiça Social, muitas vezes, têm suas conotações com a rebeldia e com a violência, e na Religião encontramos sempre as soluções mais adequadas para o bem comum, dentro do Evangelho, porque, segundo nos ensina a Doutrina Espírita, melhorando-se a criatura, melhorar-se-á o lar, a sociedade e o Mundo.*

Diálogos e Mensagens

oito

A psicografia

P – Chico Xavier, o que vem a ser o fenômeno da Psicografia? Porque muita gente o conhece, porém, esse nome científico é um tanto escuro para muitos.

R – *Desde 1927, quando psicografei a primeira mensagem, eu senti que a entidade tomava o meu braço como se fosse um instrumento quase que mecânico para que ela pudesse escrever livremente.*

Muitas vezes, o Espírito comunicante me faz sentir no campo mental aquilo que ele recorda ou pensa, mas, habitualmente eu não sei o que ele está escrevendo através do meu braço. É como se o meu braço fosse um aparelho elétrico repentinamente ligado à força, cuja origem eu mesmo não posso precisar.

Início da faculdade mediúnica

P – Como nasceu, ou melhor dizendo, como você percebeu a faculdade mediúnica?

R – *Eu tinha quatro anos de idade, quando o meu pai e minha mãe, em determinado diálogo, manifestavam opiniões diferentes a respeito de certa pessoa, quando ouvi ao meu lado uma voz que esclarecia o assunto a favor da pessoa que era lembrada. A voz transmitia palavra de tal modo estranha para mim. Meu pai também se assustou bastante quando me viu transmitir aquelas palavras e chegou a pensar que eu teria sido uma criança trocada em alguns dos atos religiosos que ele e minha mãe frequentavam na condição de católicos, que sempre foram. Depois disso, depois da desencarnação de minha mãe, comecei a vê-la por várias vezes no fundo do quintal da casa da senhora que me recolhera, antes do segundo casamento do meu pai e então, daí para cá, entrei num campo de intercâmbio com o mundo espiritual que eu, francamente, não estranhava, porque, na condição de criança, eu não trazia no cérebro nenhum conflito mental, com respeito ao antagonismo das filosofias, de crenças religiosas, e considerava*

Diálogos e Mensagens

*as visitas do Espírito de minha mãe, aconte-
cimento simples e natural. Somente depois,
comecei a perceber que estava num campo que
as outras pessoas desconheciam.*

Primeira mensagem psicografada

P – Quando você começou a psicografar?

R – *Na noite de 8 de julho de 1927, em Pedro
Leopoldo, Estado de Minas Gerais.*

Formação religiosa

P – Como foi a sua formação religiosa em
criança?

R – *A minha formação foi estritamente Católica Apostólica Romana segundo as nossas
tradições brasileiras, pois meus pais eram católicos, e minha mãe fazia questão de orarmos
junto dela todas as noites, de modo que eu tive
essa base que me foi muito salutar e que é extremamente valiosa até hoje.*

Mediunidade. Reação da família

P – Você, Chico Xavier, encontrou alguma

dificuldade para expressar as suas faculdades mediúnicas no princípio?

R – *Sim, conquanto meu pai fosse para mim o meu melhor amigo e cuja memória tenho ainda no coração como sendo o melhor companheiro dos meus dias, ele não se conformava com a minha condição de criatura que vivia em dois mundos, de modo que meu pai se contrariava muitíssimo com as informações e com as visões que eu dava notícia, e procurava obstar, por todos os meios, o meu desenvolvimento no campo que nós, em Pedro Leopoldo, uma cidade interiorana, naquele tempo ainda no início, plenamente desconhecíamos.*

Padre Sebastião Scarzelli

P – Alguém lhe prestou algum auxílio decisivo na infância, para que você compreendesse essa sua faculdade mediúnica?

R – *Quando meu pai se casou pela segunda vez, aquela que veio para nós, como sendo uma segunda mãe, era uma criatura de sentimentos muito nobres e generosos, católica também, por formação. Ela me aproximou*

Diálogos e Mensagens

de um padre que está sempre em minha lembrança.

Trata-se do sacerdote Sebastião Scarzelli, desencarnado na cidade de Joinville, no Estado de Santa Catarina, talvez com mais de noventa anos de idade, já na condição de monsenhor Sebastião Scarzelli. Esse sacerdote, a pedido de minha segunda mãe, confessou-me várias vezes, ditou-me diversas penitências e diversos deveres de natureza religiosa, às vezes um tanto quanto difícil para uma criança de oito a onze anos de idade. Ele notava que o meu comportamento era de uma pessoa lúcida, mas acompanhada de inteligências que ele não podia, na condição de sacerdote, classificar com justiça absoluta. Quando eu completei dez anos, em 1921, ele foi para mim de uma bondade enorme, aconselhando-me a procurar no trabalho, numa condição de vida, através da qual eu pudesse crescer no interior de Minas Gerais, sem que parentes e amigos chegassem a lembrar a minha internação em sanatório.

Ele me reconhecia como pessoa lúcida na minha idade de dez anos, mas me via expressando inteligências estranhas a meu modo de ser, e me recomendou que esperasse o tempo, para que, com a ajuda de Deus, pudesse a minha condição mental ser clareada suficientemente e para que eu não viesse a entrar em qualquer processo de perturbação mental. O Pe. Sebastião Scarzelli foi um verdadeiro benfeitor. Pediu para mim um emprego na Cia. de Fiação e Tecelagem Cachoeira Grande, em Pedro Leopoldo, no ano de 1921, onde comecei o meu serviço profissional, ali trabalhando durante quatro anos. Foi o trabalho que me livrou de uma condição difícil de vez que, no ponto em que cediam os meus conflitos, qualquer pessoa poderia pensar que se tratava de uma criança mentalmente alienada, o que o Padre reconhecia não ser verdadeiro.

Perseverança e desenvolvimento mediúnico

P – A mediunidade de tantas pessoas tem alguma semelhança com a sua, ou você é dotado de algum senso maior ou evidência? Seria você um mensageiro designado para trazer a mensagem para o nosso povo de agora, já que é internacionalmente conhecido?

R – *Estou absolutamente convencido de que*

não é assim. Todos os médiuns são favorecidos por faculdades mais ou menos semelhantes. No meu caso, apenas a perseverança, durante meio século no assunto, tenha clareado mais um pouco o intercâmbio espiritual, com a mediunidade de que tenho sido portador, com os habitantes de uma vida maior. Mas todos os médiuns, se perseverarem, poderão chegar ao máximo resultado possível.

Cristianismo em Uberaba

P – Você citou o entrosamento existente entre todas as religiões, ou seja, católicos, espíritas, evangélicos, etc. Você nunca deparou com alguma divergência de natureza religiosa?

R – *Em Uberaba não, porque aqui encontrei Jesus Cristo como sendo o ponto comum de encontro de todos os uberabenses, no apreço recíproco que os uberabenses cultivam de uns para os outros. Então, Jesus em Uberaba é como se fosse uma luz que, iluminando a todos, a todos irmana para benefício da comunidade inteira. Penso que estamos em uma cidade ideal nesse ponto de vista.*

O que atrai as pessoas

P – As pessoas que o procuram são pessoas que simplesmente querem ter o prazer de conhecer o Chico Xavier? É por curiosidade? Ou trata-se de pessoas realmente enfermas que buscam, pelo seu intermédio, uma graça ou uma cura?

R – *Acredito que muitas pessoas que leem os livros de Emmanuel, André Luiz, e de outros amigos espirituais, procurem-me no desejo de observar se sou uma pessoa capaz de produzir o livro que elas leram. Acredito que eu deva causar muito desapontamento a essas pessoas, porque eu não tenho nenhuma qualidade especial para impressionar a ninguém. E elas naturalmente compreendem que os livros pertencem aos Espíritos, e não a mim. Entretanto, a maioria das pessoas que me procura são pessoas que estão sofrendo traumas muito grandes depois do falecimento de entes queridos, almas que sofreram desencarnações cruéis; pessoas que aspiram muitas vezes ao suicídio e querem compreender que o suicídio não consta das leis de Deus; outras pessoas enfermas, desejando melhora. Neste último caso, os Espíritos amigos, por meu intermédio, encaminham para os médicos*

Diálogos e Mensagens

competentes da nossa cidade e do nosso tempo, para que elas se tratem devidamente como se faz necessário.

Mensagens de parentes

P – E essas pessoas que já perderam seus entes queridos, vindo conversar com você, têm oportunidade de receber uma mensagem vinda do Além? Por exemplo, uma pessoa que tenha morrido há vinte anos. Viria essa pessoa por seu intermédio mandar alguma mensagem, fosse uma mãe, pai, avós desencarnados ou qualquer outro parente?

R – *Quando o plano espiritual permite, essa pessoa se comunica. Isso não depende de mim, mas, até hoje, tenho recebido algumas centenas dessas mensagens particulares e posso dar aos nossos amigos de Destaque alguns livros que relacionam essas mensagens.*

O espírito de aceitação

P – Existem pessoas que têm acorrido a todos os recursos terrenos e espirituais na espera de uma cura para sua enfermidade, que não tendo resolvido seu problema, acabam chegando à descrença. Mesmo sem fé, muitas vezes ainda procuram você como um recurso. Essas pessoas podem chegar a receber uma cura?

R – *Acredito que, se a pessoa está no mereci-mento natural da cura, tenha ela fé, ou não te-nha fé, a misericórdia divina permite que essa criatura encontre a restauração de suas for-ças. Isso em qualquer lugar, em qualquer reli-gião, ou em qualquer tempo; agora, os Espíri-tos nos aconselham um espírito de aceitação. Primeiramente, em qualquer caso de doença que possa ocorrer em nós, em nosso mundo orgânico. O espírito de aceitação torna mais fácil para o médico deste mundo, ou para os benfeitores espirituais do outro, atuarem em nosso favor. Agora, a nossa aflição ou a nos-sa inquietação apenas perturbam os médicos neste mundo e no outro, dificultando a cura. E podemos ainda acrescentar: que, muitas vezes, temos conosco determinados tipos de moléstias, que nós mesmos pedimos, antes da nossa reencarnação, para que nossos impul-sos negativos ou destrutivos sejam treinados. Muitas frustrações que sofremos neste mundo são pedidas por nós mesmos, para que não ve-nhamos a cair em faltas mais graves do que aquelas que já caímos em outras vidas. Mas como estamos num regime de esquecimento – como uma pessoa anestesiada para sofrer uma operação –, então nos desmandamos em rebeldia, em aflição desnecessária, exigindo uma cura que, se tivermos, será para a nossa ruína. Não para o nosso benefício.*

Tratamento médico

P – Você, Chico Xavier, já passou por algum tratamento médico, ou alguma intervenção cirúrgica?

R – *Perfeitamente. Tenho um problema de luxação no olho esquerdo, desde o ano de 1931, e me trato de três em três meses ou de seis em seis meses com oculistas em Belo Horizonte e em Uberaba, acompanhando a evolução dos medicamentos, para que a minha doença possa também ser contida para não me causar maiores dilapidações no campo ocular. Neste ponto de vista, o médico, em Uberaba, é o Dr. Ismael Ribeiro da Silva. Quanto a tratamentos cirúrgicos, já passei por cinco operações de grande risco. A última ocorreu em 1968, no Hospital Santa Helena, em São Paulo, mas sempre sob controle médico, e com todas as técnicas da cirurgia dos tempos que atravessamos.*

Tratamento espiritual

P – De que modo você entende a medicina agindo em seu favor, quando os livros psicografados por você demonstram a existência de tantos amigos espirituais em sua vida?

R – *Os Espíritos sempre me explicaram que mediunidade não nos faculta privilégio algum e que, na condição de doente, eu deva ser tratado como um doente qualquer, mas não como um doente especial. Sabemos que centenas de pessoas estão hospitalizadas. É mais do que natural que eu também, de tempo em tempo, passe pela provação de sofrer, em meu corpo, o bisturi ou outros instrumentos que corrijam desajustes com os quais eu não poderia continuar vivendo...*

Livros vertidos para outros idiomas

P – Alguns dos livros psicografados por você

Diálogos e Mensagens

já foram traduzidos para outros idiomas? Em quais idiomas foram lançados?

R – *Alguns desses livros já foram traduzidos. Temos 13 traduzidos para o castelhano, quatro traduzidos para o Esperanto, cinco para o inglês, um para o francês, um para o japonês, um para o grego, três para o tcheco. Temos alguns em outros países, com os direitos cedidos pelas editoras, aos quais eu fiz a entrega gratuitamente. Podemos ainda acrescentar que já temos vinte e dois livros em braille, recebidos de nós para os nossos irmãos que são portadores de cegueira física.*

Remessas de mensagens

P – Nós sabemos que você expede diariamente mensagens de seus amigos espirituais para diversos pontos do Brasil. Qual a média de mensagens impressas que são expedidas por dia, ou por semana?

R – *A média de vinte mil por dia e cento e vinte mil por semana, porque expedimos com exceção dos domingos. O Correio de Uberaba pode dar testemunho.*

P – Chico, se você não recebe direitos autorais

dos livros por você psicografados, com que verba pode manter um intercâmbio postal assim tão grande?

R – *Como é razoável, não temos remuneração absolutamente para qualquer atividade espiritual. Mas muitos amigos nossos espontaneamente nos oferecem selos e recursos outros com os quais nós sustentamos essa tarefa. Mas é preciso esclarecer que esses recursos são sempre enviados a nós, espontaneamente, sem qualquer constrangimento, apenas com muita gratidão de nossa parte, para aqueles que se lembram de que estamos trabalhando dentro de uma causa em que não há sentido monetário para pessoa alguma.*

Mediunidade e atividade profissional

P – Chico Xavier, nós estamos lembrando aqui que, conforme a imprensa tem publicado, você completa, neste ano de 1977, meio século de serviços mediúnicos; esses 50 anos de mediunidade chegaram a impedir sua vida profissional?

R – *Absolutamente. Eu trabalhei quarenta anos em minha vida profissional; quatro anos em uma fábrica de tecidos, quatro anos num empório onde não havia apenas o trabalho de balconista, mas também zelador de uma horta muito extensa, no horário das sete da manhã às nove da noite. Trabalhei trinta e dois anos consecutivos no Ministério da Agricultura, na condição de escriturário. Desta maneira, trabalhei quarenta anos na profissão e trabalhei cinquenta anos em mediunidade praticamente à noite, pois as sessões foram sempre efetuadas quando eu estava fora do horário da atividade profissional.*

Mediunidade e interesse

P – Como você define a sua renúncia pessoal em prol das causas divinas? – O fator *Negar-se a si mesmo.*

R – *O Espírito de Emmanuel, que passou a supervisionar as nossas atividades mediúnicas em 1931, de início me explicou que eu deveria demonstrar todo desinteresse possível no assunto, pois essa seria a forma pela qual eu poderia tornar evidente, às pessoas que não me conhecem, a verdade da mensagem que Emmanuel e os outros amigos espirituais iriam dar por nosso intermédio. Se eu me*

*beneficiasse com essas mensagens, natural-
mente que não poderia convencer as pessoas
quanto à minha sinceridade. De modo que
muita gente pode não crer, mas posso dizer
que, com todas as minhas imperfeições, tenho
permanecido 50 anos consecutivos fiel a esse
princípio de desinteresse quanto ao fruto do
trabalho dos Espíritos por meu intermédio,
porque com isso eu creio que ninguém poderá
me acusar de pessoa fraudulenta ou de má fé,
usando o nome dos Espíritos em assuntos que
eu considero absolutamente veneráveis.*

Os falsos profetas

P – Nas Escrituras Sagradas, está escrito:
*Virão falsos profetas, que enganarão até os escolhi-
dos.* Como você define tantas pessoas hoje em dia
fazendo tantos milagres? Seriam esses os falsos profetas?

R – *Eu não posso julgar a pessoa alguma.
Creio que determinados enganos possam
ocorrer em qualquer campo de atividade humana, seja ele religioso, filosófico ou científico, para que a criatura obtenha o discernimento preciso para comandar a sua própria*

Diálogos e Mensagens

vida. No caso, nós sabemos que a expressão bíblica é simbólica; mas vamos recordar que, no princípio da Bíblia, temos uma serpente como instrutora de Adão e Eva. Se o Senhor permitiu que uma serpente fosse o primeiro professor de duas criaturas humanas no Jardim do Éden, que diríamos no mundo de hoje.

Inimigos pessoais

P – Chico Xavier, você tem inimigos?

R – *Não tenho inimigos, propriamente considerando essa palavra, mas acredito que tenha muitas pessoas que passaram da amizade à indiferença para comigo quando compreenderam que eu não era a criatura dotada de qualidades aquelas pudesse eu possuir. De modo que não tenho inimigos, mas tenho amigos que ficaram indiferentes quando viram que eu sou uma pessoa humana tão imperfeita quanto as outras.*

Autoapreciação

P – Qual é a imagem que faz de você mesmo?

R – A de um Espírito reencarnado com muitos defeitos e com muita vontade de efetuar esse trabalho de autoeducação e autoburilamento que eu acredito que todos nós somos chamados a fazer durante o período a que denominamos de existência terrestre e sempre na transformação que busco, com muitas dificuldades para ser o que eu desejo ser.

Espontaneidade das mensagens

P – Chico, você poderia dizer para a reportagem da nossa revista *Destaque* se essas mensagens que recebe constantemente chegam a você a seu pedido, ou por determinação dos Espíritos comunicantes?

R – Sempre por determinação dos Espíritos comunicantes. Costumamos mesmo dizer que estamos com um telefone que apenas pode ser acionado do Além para cá; mas nunca do nosso lado para o Além, porque, ignorando o que se passa no Além, nas evidências com que a vida lá se desenvolve, cremos ser de nossa obrigação estudar a Doutrina e esperar que as mensagens sejam espontâneas, mas nunca por nossa própria determinação, ou imposição.

Diálogos e Mensagens

O problema da morte

P – Embora já tenha sido objeto de resposta de sua parte, por ocasião de apresentações suas em programas de televisão, você poderia dizer nesta reportagem, o que você vê na morte e o que ela representa para você, Chico Xavier?

R – *A morte, a meu ver, é mudança de residência sem transformação da pessoa, porque a vida continua com tudo aquilo que colocamos dentro de nós; seja o bem, ou seja a ausência do bem, aquilo que nós denominamos o mal. Nós passamos para outra vida com aquilo que fizemos de nós mesmos.*

Processo de reencarnação

P – Você poderia nos explicar como se dá o processo da reencarnação? Gostaríamos que você nos dissesse algo a respeito.

R – *Tecnicamente, eu não poderia explicar a questão do renascimento em seus primórdios, mas estou certo de que a escolha, a preparação, apenas são facultadas àqueles Espíritos que as merecem. Determinadas criaturas, por seus méritos pessoais ou pelos méritos dos pais que vão receber, pode perfeitamente escolher o gênero de atividade a que se dedicará na Terra, mas estou certo de que muitos renascimentos precipitados são efetuados sem qualquer preparação, e obedecem ao livre-arbítrio das pessoas, que nem sempre respeitam as leis da vida e que atraem para o seu campo emotivo, para o seu grupo doméstico, Espíritos que renascem como agentes de regeneração da própria pessoa ou do grupo que os recebem.*

nove

Processo de unificação

P – Como deverá agir o dirigente espírita, no Centro Espírita, para colaborar com o processo de unificação das sociedades espíritas?

R – *Não tenho qualquer autoridade para tratar do assunto, com a importância que o assunto merece. Creio, porém, que os companheiros responsáveis pela divulgação da Doutrina Espírita estarão em rumo certo, conduzindo a ideia espírita ao coração da comunidade, envolvendo o conhecimento superior no trabalho, tão intenso quanto possível, do amor ao próximo. O serviço aos semelhantes fala sem palavras e, através dele, os sentimentos se comunicam entre si.*

Espiritismo e comunicação de massa

P – Como devemos compreender a divulgação da Doutrina Espírita, em face das modernas técnicas de comunicação de massa?

R – *Admito seja nossa obrigação servir sempre à Causa do Bem de Todos, formando, assim, o preciso ambiente para que se manifeste a colaboração dos Espíritos Superiores. No caso, lembro-me do trabalho da aviação: sem aeroporto conveniente, o avião não encontra pouso seguro. Se o Espírito encarnado não colaborar no bem, será muito difícil o intercâmbio com os Espíritos Elevados.*

Divulgação doutrinária

P – Como favorecer a cooperação dos Espíritos Superiores na planificação das ideias de propaganda da Doutrina Espírita?

R – *A resposta será mesmo: estudar sempre, com a aplicação dos ensinamentos nobres que venhamos a colher. Nesse sentido, sempre noto que o diálogo entre grupos reduzidos de estudiosos sinceros apresenta alto índice de rendi-*

Diálogos e Mensagens

mento para os companheiros que efetivamente se interessam pela divulgação dos princípios Kardequianos.

P – Qual o mais eficiente meio de divulgação das obras da Codificação Kardequiana?

R – *Creio seja vivenciar a nossa Doutrina, através do nosso testemunho diário de renovação gradativa para o bem, a começar do íntimo de nossas próprias casas.*

Conflito Psicológico

CORNÉLIO PIRES

Perdoe o bilhete às pressas,
Meu prezado Diamantino;
Eis que resumo a resposta
Num recado pequenino.

Se você se diz num corpo
Que não lhe parece o seu,
Pense na Vida Maior
Que tantas bênçãos lhe deu.

Você tem saúde e força
Com claro discernimento;
Instrução elogiável,
Espírito calmo e atento.

Por isso mesmo, você
Não deixe de observar:
O corpo recorda a enxada
Que o ajuda a trabalhar.

Diálogos e Mensagens

A Terra nos lembra um campo
De sementeira bendita,
Cada qual nasce trazendo
O amparo que necessita.

É você pessoa eterna
Usando agentes mortais,
Os corpos são semelhantes
Mas não certamente iguais.

Porque carregue conflitos,
Não clame, nem se degrade;
Terá você renascido
Em auxílio à Humanidade.

Você não pode ser pai,
Mas pode fazer o bem.
Jesus não era casado
E serviu como ninguém.

(Mensagem recebida por Francisco C. Xavier, do livro "Amanhece", citada em entrevista concedida ao jornalista Alfredo Neto, em 2 de outubro de 1977.)

dez

O problema da *eletização*

— *Jarbas, amigo, precisamos conversar desapaixonadamente sobre o nosso movimento. É preciso que nós, os espíritas, compreendamos que não podemos nos distanciar do povo. É preciso fugir da tendência à elitização no seio do movimento espírita. É necessário que os dirigentes espíritas, principalmente os ligados aos órgãos unificadores, compreendam e sintam que o Espiritismo veio para o povo e com ele dialogar. É indispensável que estudemos a Doutrina Espírita junto com as massas, que amemos a todos os companheiros, mas, sobretudo, aos espíritas mais humildes, social e intelectualmente falando, e deles nos aproximarmos com real espírito de compreensão e fraternidade. Se não nos precavermos, daqui a pouco estaremos em nossas casas espíritas*

Diálogos e Mensagens

apenas falando e explicando o Evangelho de Cristo às pessoas laureadas por títulos acadêmicos ou intelectuais e confrades de posição social mais elevada. Mais do que justo evitarmos isso, (repetiu várias vezes) a elitização no Espiritismo, isto é, a formação do espírito de cúpula, com evocação de infalibilidade, em nossas organizações.

Suposta pureza doutrinária

P – Então, caro Chico, o problema não é de direção ou, melhor diríamos, de administração espírita?

R – *Não, o problema não é de direção ou administração em si, pois precisamos administrar até a nós mesmos, mas a maneira como a conduzem, isto é, a falta de maior aproximação com irmãos socialmente menos favorecidos, que equivale à ausência de amor, presente no excesso de rigorismo, de suposta pureza doutrinária, de formalismo por parte daqueles que são responsáveis pelas nossas instituições; é a preocupação excessiva com a parte material das instituições, com a manutenção, por exemplo, de sócios contribuintes ao invés de sócios ou companheiros ligados pelos laços do trabalho, da responsabilidade, da fraternidade legítima; é a preocupação com o patrimônio material ao invés do espiritual e doutrinário; é a preocupação de inverter o processo de maior difusão do Espiritismo, fazendo-o partir de cima para baixo, da elite intelectualizada para as massas, exigindo-se dos companheiros em dificuldades materiais ou espirituais uma elevação ou um crescimento, sem apoio dos que foram chamados pela Doutrina Espírita a fim de ampará-los na formação gradativa.*

onze

Fatos mediúnicos da infância

Eu tinha quatro anos de idade quando voltei da cidade de Matozinhos, perto de Pedro Leopoldo, onde nasci, em companhia de meus pais e de meus irmãos. Meus pais haviam assistido às cerimônias religiosas que, naquele tempo, eram consideradas de praxe para todas as famílias católicas. Havíamos caminhado onze quilômetros. Chegamos em casa, numa noite bastante fria, com chuva. Meus irmãos se dirigiram logo para o descanso do sono. Minha mãe, naturalmente preocupada com problemas de saúde, trocou-me a roupa e, como eu estava fatigado, levou-me à cozinha, onde fora fazer um café para o meu pai. Enquanto esperava o café que se fazia, meu pai começou a falar a respeito de um problema de aborto que havia ocorrido com uma de nossas vizinhas. Uma criança havia nascido fora de tempo, e meu pai, que não havia atingido a verdade sobre o assunto, discutia com minha mãe a respeito. Nesse instante, eu ouvi uma voz e, então, transmiti para meu pai. "O senhor naturalmente não está informado com respeito ao caso. O que houve foi um problema de nidação inadequada do ovo, de modo que a criança adquiriu posição ectópica." Meu pai arregalou os olhos e disse para minha mãe: "O que é isso, Maria? Esse menino não é o nosso. Trocaram esta criança na igreja, enquanto nós estávamos na confissão" – e me perguntou o que vinha a ser nidação, o que vinha a ser ectópico, o que vinha a ser implantação. E eu não sabia explicar coisa nenhuma porque falei o que uma voz me dissera. Ele me olhou com muita desconfiança, e minha mãe comentou: "Não, João, este menino é o nosso mesmo!" – "Este menino não é o nosso. Até a roupa dele está mudada!" (disse o pai). Então, a minha mãe explicou: "Eu mudei a roupa da criança agora, por causa do frio". Eu tinha quatro anos de idade e me recordo perfeitamente.

(Depoimento de Chico Xavier no programa de Hebe Camargo , em 17/9/73, na TV Record, inserto no livro "A Terra e o Semeador").

Depois disto, as vozes e outras manifestações dos Espíritos não o largaram mais. A ponto de criar, para o pequeno Chico, situações altamente embaraçosas, como, por exemplo, a que ele cita em depoimento a Elias Barbosa, no livro *No Mundo de Chico Xavier:*

Muitas vezes em aula, quando criança, ouvia vozes dos Espíritos ou sentia mãos sobre as minhas mãos, que eu senti vivas, guiando meus movimentos de escrita, sem que os outros as vissem. Isso me criava muitos constrangimentos. Lembrarei um episódio curioso. Em 1922, eu contava doze anos de idade e frequentava o 4º ano escolar do Grupo Escolar São José, em Pedro Leopoldo (...) O governo do Estado de Minas Gerais instituiu prêmios para os alunos de todas as classes de 4º ano das escolas primárias que apresentassem as melhores páginas sobre a história do Brasil (...) Abertos os trabalhos no dia indicado, quando começamos os preparativos para a escrita, vi um homem a meu lado, ditando-me como eu deveria escrever. Assustei-me porque perguntei ao meu companheiro de banco, Alencar de Assis, se ele estava vendo esta pessoa. Ele me disse não ver ninguém, e acrescentou que eu estava com medo da prova, e que era preciso sossegar-me. O homem, contudo, disse-me o primeiro trecho que eu deveria escrever. Tendo ouvido claramente, pedi licença para levantar-me e fui ao estrado sobre o qual a professora estava sentada. Então, disse a ela em voz baixa: "Dona Rosália, perto de mim, na carteira, eu vejo um homem ditando o que devo escrever". Apesar de ser ainda muito jovem, naquele tempo ela era uma criatura de imensa bondade e profunda compreensão que sempre me ouvia com grande paciência. Depois de escutar-me, perguntou igualmente em voz baixa: "O que é que este homem está mandando você escrever?" Eu repeti o que ouvira do Espírito, explicando: "Ele me disse que eu devo começar a prova contando assim: "O Brasil, descoberto por Pedro Álvares Cabral, pode ser comparado ao mais precioso diamante do mundo que logo passou a ser engastado na Coroa Portuguesa..." Ela mostrou admiração no semblante, mas me falou em voz mais baixa ainda: "Volte, meu filho, para a sua carteira e escreva a sua prova. A sala está repleta de pessoas que nos observam e agora não é o momento de você ver pessoas que ninguém vê. Não acredite que esteja escutando estranhos. Você está ouvindo a você mesmo. Dê atenção ao seu pensamento. Cuide de sua obrigação

Diálogos e Mensagens

e não fale mais nisso". Voltei e escrevi o que o Espírito me ditava, porque, ou escrevia ou eu desobedeceria a ela, a quem respeitava e amava muito (...) Passados alguns dias, o nosso Grupo em Pedro Leopoldo recebeu a notícia de que as autoridades na Capital mineira me haviam distinguido entre os alunos classificados com Menção Honrosa (...) Dona Rosália ficou muito satisfeita, mas, de minha parte, sabia que as páginas não eram minhas. Amigos de Pedro Leopoldo tomaram conhecimento do assunto e houve quem dissesse que eu havia copiado o trabalho de algum livro de História. Dona Rosália acreditava em minha sinceridade, mas a nossa turma no Grupo ficou dividida. Alguns colegas admitiam que eu falava a verdade, outros me consideravam mentiroso. Muito me desgostavam as acusações que passei a sofrer na vida escolar, até que, um dia, em aula, um colega afirmou que, se eu vira um homem do outro mundo ditando a prova pela qual fui premiado, era natural que eu visse esse homem outra vez, ali mesmo e naquela hora, ao lado de todos, para escrever. Neste justo instante, tornei a ver o homem que os outros não viam e comuniquei à professora que ele me dizia estar pronto para escrever. Dona Rosália

Chico Xavier

Laranjeira hesitou em aceitar o oferecimento; entretanto, os meus colegas pediram em voz alta para que eu atendesse. A professora então me permitiu ir ao quadro negro, a fim de escrever à vista de todos (...) Uma nossa colega, Oscarlina Leroy, lembrou: "Gostaria que o tema fosse areia, porque tenho carregado muita areia para auxiliar uma pequena construção de meu pai". Todos os meninos presentes riram-se da lembrança e acharam que areia era uma coisa desprezível. Alguns fizeram piadas, mas o pedido de Oscarlina foi sustentado (...) Lembro-me de que o Espírito amigo, ali, ao meu lado, começou ditando: "Meus filhos, ninguém escarneça da criação. O grão de areia é quase nada, mas parece uma estrela pequenina refletindo o sol de Deus..." A composição foi escrita com muitas ideias que eu seria incapaz de conceber nos meus doze anos de idade. Os meninos ficaram em silêncio por alguns instantes, e, quando voltaram a conversar, a nossa professora determinou o encerramento do assunto. Daí em diante, Dona Rosália proibiu qualquer comentário na classe sobre pessoas invisíveis. Nem eu podia dar notícias de coisas estranhas que eu visse nem os meus colegas deveriam me perguntar coisa fora de nossos estudos."

Diálogos e Mensagens

Início do trabalho. Emmanuel

Sua efetiva entrada para o Espiritismo, porém, deu-se apenas em 1927, depois que José Hermínio Perácio, amigo da família, que era médium, conseguiu livrar uma das suas irmãs de uma "terrível obsessão", aliando, a essa prova, mensagens (psicografadas) recebidas por sua mulher, Carmem Perácio, na qual Maria João de Deus, a mãe de Chico falecida em 1915, "numa grafia igual a que a nossa genitora usava quando na Terra", entrava "em pormenores da nossa vida íntima que essa senhora desconhecia".

E, em 1931, finalmente, o encontro com o mentor espiritual Emmanuel, que já o acompanhava desde a infância, juntamente com os Espíritos de Maria João de Deus, do doutor Bezerra de Menezes, de Meimei e André Luiz, entre outros. O livro "Lindos Casos de Chico Xavier", que narra a parte deste encontro que pôde ser conhecida, reza que ele (o encontro) deu-se às margens de um belo açude onde Chico Xavier costumava ir rezar nos dias feriados. Primeiro, a visão de uma cruz "muito bela" por entre as árvores, em seguida, "surgindo em meio aos raios de luz", o seu mentor apresentou-se "envergando uma túnica semelhante à dos sacerdotes e, em seu semblante, as feições de um ancião venerável".

"Está você realmente disposto a trabalhar na mediunidade com Jesus?" – pergunta o orientador espiritual.

"Sim, se os bons Espíritos não me abandonarem" – respondeu o médium.

"Não será você desamparado – disse-lhe Emmanuel –, mas para isso é preciso que você trabalhe, estude e se esforce no bem."

"E o senhor acha que eu estou em condições de aceitar o compromisso?" – tornou Chico.

"Perfeitamente, desde que você procure respeitar os três pontos básicos para o Serviço..."

Porque o Protetor se calasse o rapaz perguntou:

"Qual é o primeiro?"

A resposta veio firme:

"Disciplina."

"E o segundo?"

"Disciplina."

"E o terceiro?"

"Disciplina."

A medicina e a fé

Uma repórter tinha reparado que Chico

aconselhava muitas das pessoas que o procuravam a buscar os conselhos de médicos da Terra, sendo que o próprio Chico tratava-se com eles. Diante do estranhamento, perguntou se constituiria essa atitude de Chico Xavier numa falta de fé para com o poder de Deus que está dentro de nós.

Com uma voz muito suave e pausada, Chico Xavier respondeu:

Os Espíritos acham que Medicina é uma ciência que nos foi concedida pela Providência Divina para que os males orgânicos sejam aliviados ou curados. Nós sabemos que a Medicina está evoluindo cada vez mais para a Medicina Psicossomática, compreendendo a importância da mente sobre a nossa vida orgânica. E os Espíritos Amigos admitem que esse progresso da ciência médica neste setor caminha para uma amplitude cada vez maior. Nos casos dos problemas infecciosos, em tempo algum poderíamos dispensar os recursos da medicina curativa ou preservativa através da vacinação com os ensinamentos da higiene tão completos quanto seja possível em benefício da comunidade. Os Espíritos nos ensinam a valorizar cada vez mais a influência da oração em nossos processos de cura, mormente quando estejamos sob impactos emocionais muito fortes que podem determinar a eclosão de muita moléstia obscura. Mas, ao mesmo tempo, os Amigos Espirituais consideram que, com a permissão da Providência Divina, a ciência de curar professada pelos homens adquiriu inimaginável adiantamento, com pesquisas de amplo sucesso que nós não podemos menosprezar. Especialmente em cirurgia, o avanço da Medicina nos últimos anos é francamente espantoso. Considerando assim, os benfeitores espirituais habitualmente nos induzem à oração como recurso de melhoria de nossos potenciais orgânicos, mas observam que as necessidades criadas por nós mesmos, de Jesus até os nossos tempos, muitas vezes exigem intervenções de agentes químicos exigidos por nossos próprios desequilíbrios na restauração de nossas forças. Diante da evolução de nossos tempos, não será justo de nossa parte esquecer a influência decisiva da medicina compreensiva e humanitária em nosso favor, não só porque o progresso do mundo justifica isto, mas também para coibir certos abusos que em nome da oração muitas vezes são perpetrados por pessoas menos responsáveis quando se trata da saúde humana.

Diálogos e Mensagens

Os Espíritos Amigos sempre me dispensaram atenciosa bondade, seja minorando os efeitos de qualquer enfermidade de que eu seja portador, especialmente através do passe magnético e da água fluidificada na fase da oração. Mas em todos os casos graves de doen-ças físicas pelos quais tenho passado, eles mesmos me ensinam a procurar o socorro e a cooperação de médicos competentes e amigos, naturalmente para que eu não me sinta uma pessoa pretensamente privilegiada pelo fato de ser médium espírita, o que considero muito natural porque esta situação me faz reconhecer que sou uma pessoa humana e frágil como tantas outras que necessitam do amparo da medicina para viver e sobreviver. Muitos espiritualistas talvez pensem que já possamos de modo geral sentir a presença de Deus em nós, dispensando qualquer recurso humano para a supressão de nossas enfermidades e fraquezas. Os Espíritos Amigos porém nos ensinam que realmente todos temos a presença de Deus em nós, entretanto, conquanto o próprio Jesus haja dito que o Reino de Deus está dentro de nós, sem contrariar de modo algum a afirmativa do Divino Mestre, estamos ainda na condição do diamante bruto requisitando por muito tempo a passagem de nossa perso-

Chico Xavier

nalidade humana através das oficinas de burilamento que, no caso, são os sofrimentos e as vicissitudes da nossa existência na Terra até que o esmeril da experiência nos aperfeiçoe de tal maneira que venhamos a refletir a presença de Deus em nós mesmos, tal qual o brilhante finamente aprimorado consegue refletir a luz do Sol. Nós não podemos, compreensivelmente até agora, comparar qualquer pessoa terrestre que se disponha a colaborar nos serviços curativos à pessoa de Jesus Cristo, cujo poder magnético, sem dúvida, poderia atuar decisivamente sobre qualquer processo enfermiço, desfazendo os ingredientes ou agentes em que esses processos enfermiços se estruturavam.

Espiritismo e sofrimento

Digo-lhe que, a meu ver, o Espiritismo glorifica, de uma maneira mórbida, o sofrimento.

"Eu não! – volve ele, de pronto – eu vivo muito alegre, muito feliz, trabalho, tenho sempre muita gente em volta de mim. Muita, muita gente na minha vida, é disso que eu gosto." (É preciso dizer que a esta altura, a sala, não se sabe como, ficou de novo repleta de gente).

Sim – respondo – mas o Espiritismo só fala em provação, em penas a pagar, em carma. Quando Cristo colocava as pessoas debaixo da Graça de Deus, Ele dizia: "Perdoados te são os teus pecados".

"Sim – diz Chico –, Deus pode perdoar, mas é a nossa própria consciência que não nos perdoa. Somos nós mesmos que solicitamos as provas que iremos passar na Terra, em decorrência dos nossos erros cometidos em uma encarnação anterior. Além do mais, eu pedi para um amigo meu, que é grego, que verificasse para mim as origens da palavra perdoar em grego antigo e ele me disse que nessa língua, essa palavra, tinha o significado de tolerar. *Quer dizer que Deus tolera, tolera apenas, veja bem, os nossos pecados, tem benevolência para com o devedor."*

Vitória

EMMANUEL

Se já descobriste que te encontras no Plano Físico, em luta pelo próprio burilamento íntimo, não olvides trabalhar pelo próprio triunfo.

Observa o valor do tempo.

Age para o bem de todos.

Serve sem reclamar.

Atende aos próprios deveres com alegria.

Aceita-te como és, buscando melhorar-te.

Conserva a paciência.

Não esmoreças.

Espera o melhor da vida.

Além dos encargos cumpridos, faze algo mais, em favor dos outros.

Não guardes ressentimentos.

Considera os direitos alheios, sem esquecer o respeito que se deve às vantagens e aos méritos dos próprios adversários.

Diálogos e Mensagens

Fala construindo.

Não lamentes quem te deixou o caminho, bandeando-se para outras estradas.

Não te detenhas no que passou, senão para fixar alguma lição com que a vida te haja enriquecido a experiência.

Nada reclames.

Auxilia, ao invés de condenar.

Abstém-te do excesso de tranquilizantes que te possam induzir à irresponsabilidade.

Aceita os problemas do mundo, como são, para que te decidas, quanto a eles, em plena consciência de tuas próprias escolhas.

Nunca te acredites sem necessidade de trabalhar.

Compadece-te dos que erram, imaginando-te no lugar deles, para que entendas o valor do entendimento e do perdão, nas fraquezas de que ainda somos portadores.

Ensina aprendendo.

Haja o que houver, confia em Deus e segue adiante, fazendo o melhor que possas.

Então, conhecerás o verdadeiro triunfo, aquele que nasce da própria segurança, apagando-te qualquer disposição à discórdia, porque transportarás em ti mesmo a vitória da paz.

(Mensagem recebida por Francisco C. Xavier, no Grupo Espírita da Prece, em 12 de agosto de 1977.)

doze

Tratamento de saúde.
Médico espiritual

P – É verdade que você está ainda em tratamento de saúde?

R – *Sim, desde novembro de 1976, estou em tratamento rigoroso das coronárias, atravessando dias difíceis e menos difíceis.*

P – O seu tratamento é de orientação médica?

R – *Sim. Meu tratamento tem sido constante, com a supervisão da medicina uberabense.*

P – Você conta igualmente com a assistência dos Espíritos?

R – *Naturalmente. Qual sucede a toda pessoa de fé religiosa, conto sempre com o amparo*

Diálogos e Mensagens

dos Benfeitores Espirituais que nos assistem, a cuja bondade me recomendo, através da oração.

Sempre admiti que, sem apoio da Divina Providência, através das forças que a representam, nada conseguimos em nosso favor.

P – Você não julga que deveria, por ser médium espírita, estar livre de doenças e contratempos na vida física?

R – *Não penso assim. Somos, cada um de nós, um Espírito imortal, conquanto em evolução, usando um corpo perecível.*

Na condição de médium, não poderia fugir à lei de desgaste. Em minha atual posição física, prossigo sempre eu mesmo, entretanto a máquina ou veículo terrestre que me foi confiada para trabalhar é idêntica, mais ou menos, à das outras pessoas.

Os órgãos de que nos valemos para as nossas manifestações pessoais se desgastam, naturalmente, pela ação do tempo ou do trabalho a que nos empenhamos.

Grupo Espírita da Prece

P – Suas tarefas mediúnicas prosseguem normais?

R – *Minhas atividades mediúnicas, no Grupo Espírita da Prece, aqui em Uberaba, continuam regularmente, dentro de minhas atuais possibilidades de serviço.*

Inimigos e opositores

P – Chico, você tem inimigos?

R – *Nunca tive inimigos. Se isso ocorre, sem que eu saiba, creia que nessas pessoas não vejo adversários, mas sim amigos que talvez me quisessem colocar numa altura, na qual eu não conseguiria viver. Notando que sou um ser humano, como sucede a outros seres humanos, semelhantes amigos se afastam, contrariados por não conseguirem de mim a imagem elevada que desejariam.*

P – E opositores? Tem tido alguns?

R – *Opositores, segundo creio, todos temos. Aliás, aprendi, nas experiências da vida, que*

Diálogos e Mensagens

o opositor sempre nos auxilia ou procura auxiliar-nos a permanecer no rumo que a própria vida nos traça.

Decepções. O que são

P – E decepções? Tem passado por decepções? Como as define?

R – *Decepções são ocorrências naturais do caminho de todos. Se recebo decepções, também, de minha parte, devo tê-las causado. A reciprocidade nesses casos é inevitável. E creio mesmo que a decepção é um desafio da escola humana, a fim de sabermos se estamos coerentes conosco, na seleção dos valores que se nos fazem necessários no prosseguimento harmonioso das tarefas a que nos achamos empenhados.*

Traduções direitos

P – Chico, e as várias traduções dos seus livros?

R – *As diversas traduções de nossos livros*

mediúnicos para outros idiomas são da competência e responsabilidade das editoras espíritas às quais fizemos a cessão gratuita dos direitos autorais que nos competem, na condição de médium ou coautor com os Mentores e Amigos Espirituais que escrevem por nosso intermédio. Respeito, sinceramente, tudo o que as referidas editoras realizam nesse particular.

Diálogos e Mensagens

treze

Os Espíritos e o espiritismo

P – Mestre Chico Xavier, como é que os Espíritos consideram o Espiritismo?

R – *Os nossos amigos espirituais nos afirmam que, apesar de o Espiritismo englobar experimentações científicas valiosas para a Humanidade, devemos considerá-lo como doutrina que revive o Evangelho de Nosso Senhor Jesus Cristo, interpretado em sua pureza e em sua simplicidade para os nossos dias.*

De nossa parte, consideramos o Espiritismo como religião, em vista das consequências morais que a Doutrina Espírita apresenta para a nossa vida e para o nosso trabalho.

Mediunidade e
Espíritos sofredores

P – Como é que o Espírito de Emmanuel, autor de tantos livros, considera as manifestações exóticas de entidades caracterizadas por evolução nitidamente primária?

R – *O nosso diretor espiritual considera a Doutrina Espírita como grande escola, para os nossos Espíritos encarnados na Terra.*

Em vista disso, acha que a mediunidade deve ser examinada à parte da doutrina como os cursos de um educandário são separados dos programas da escola em que funcionam.

Assim, as manifestações de nossos irmãos que se caracterizam por evolução ainda primitiva são como as dos alunos primários da escola.

Há, porém, lugar para todos os que desejam estudar e conhecer as necessidades de cada um diante do aprendizado.

Diz o nosso Emmanuel que um mestre eminente não despreza o aluno de cursos primários, antes dá-lhe as mãos para que progrida.

Diálogos e Mensagens

Assim também é a Doutrina Espírita, devidamente guardada e iluminada em seus postulados e em suas lições.

Quanto às manifestações dos desencarnados, sejam eles quais forem – Espíritos sofredores, Espíritos de evolução primária, Espíritos em condições dolorosas no mundo espiritual – todos encontram agasalho na Doutrina Espírita, da mesma forma que o homem, esteja na meninice ou na madureza, encontra apoio na escola quando quer estudar buscando a própria iluminação.

Juventude e liberdade

P – Mestre Chico Xavier, como os Espíritos amigos interpretam o fenômeno da juventude de hoje, com as suas tendências libertárias?

R – *Vamos agradecer ao nosso querido entrevistador Saulo Gomes a gentileza, entretanto, é preciso que me explique acerca do título, porque estou muito longe de ter mestria em qualquer ramo da atividade humana.*

Sou apenas um companheiro, um servidor de todos, especialmente do nosso grande amigo, que nos entrevista neste momento.

Os nossos amigos espirituais costumam dizer que devemos acolher no coração a mocidade atual, com suas características e os seus anseios de liberdade.

Esclarecem, mesmo, que a maioria dos jovens atualmente reencarnados conosco na Terra não se constituem de Espíritos que procedam de faixas de evolução diferente da nossa.

Em muitos casos, os jovens apresentam ideias, talvez caprichosas para nós outros – os que já atingimos a madureza – mas estamos nas vésperas do próximo século, início do terceiro milênio.

Atravessamos uma época de transição em que as ideias de liberdade e de renovação chegam até nós com um impacto muito grande.

Assim, precisamos compreender a jovem guarda como a nossa família necessitada de orientação, de educação, como todos nós.

Precisamos estabelecer um acordo para que o jovem encontre apoio nos Espíritos amadurecidos, e os Espíritos amadurecidos encontrem, também, a compreensão da chamada jovem guarda.

O moço pode e o mais velho sabe; convém que a experiência esteja unida à possibilidade de realização para que cheguemos, na Terra, ao verdadeiro progresso.

A jovem guarda merece a nossa consideração, o nosso amor, como se toda ela fosse constituída de filhos nossos, necessitados de amor, de assistência e de orientação.

Todos nós, na juventude, também tivemos anseios de liberdade.

Hoje, damos graças a Deus por todos aqueles que nos ampararam e nos apontaram o caminho, com paciência e com respeito, sem ferir ou aumentar as nossas aflições de alma e nossos propósitos de progresso e evolução.

Os suicidas

P – Na sua vida mediúnica, Chico Xavier, conheceu amigos suicidas reencarnados?

R – *Alguns. Tendo começado a tarefa mediúnica em 1927, há quase 41 anos, tive tempo suficiente para observar alguns casos e posso dizer que todos aqueles que vi reencarnados, depois do atentado contra eles mesmos, traziam consigo os sinais, os reflexos da leviandade que haviam perpetrado.*

Contudo, devemos respeitar os suicidas

como criaturas extremamente sofredoras que, muitas vezes, perderam o controle das próprias emoções, raiando para o desrespeito a si próprios.

Suicídio e sofrimento

P – Aproveitando a oportunidade de seu profundo conhecimento da matéria, nós perguntamos: os Espíritos acham que os sofrimentos dos suicidas decorrem de um castigo de Deus?

R – *Não. Não decorrem de um castigo de Deus, porque Deus é a Misericórdia Infinita, a Justiça Perfeita.*

Emmanuel sempre me explica e outros amigos espirituais, lecionando sobre o assunto também explicam, que, quando atentamos contra o nosso corpo, na Terra, ferimos as estruturas do nosso corpo espiritual. Infligimos a nós mesmos essas punições.

Os avarentos e a missão do dinheiro

P – Nosso Chico Xavier, nós variamos muito

Diálogos e Mensagens

no estilo das perguntas porque sabemos que é necessário e oportuno levar ao grande público uma autêntica lição, principalmente, de humanidade. Daí, então, a pergunta que se faz agora: Como é que o mundo espiritual encara a situação dos avarentos na Terra?

R – *Os avarentos, os sovinas, realmente, são Espíritos doentes. Emmanuel costuma dizer: a criatura que amontoa, amontoa e amontoa os recursos materiais, sem nenhum proveito no trabalho, na educação, na beneficência, no socorro em favor dos semelhantes, está desequilibrada.*

Quem assim procede está doente e, decerto, na próxima reencarnação, enfrentará o resultado desse desvio da realidade.

Os Espíritos Amigos consideram o dinheiro como sendo o sangue da sociedade; quando colocamos o dinheiro simplesmente a um canto, sem programa, só para que funcione em proveito dos nossos caprichos, estamos operando no organismo social aquilo que chamamos trombose na circulação do sangue. Impedindo a circulação, vamos pagar as consequências do nosso ato impensado.

Não podemos de maneira nenhuma –

dizem os nossos amigos espirituais – condenar o dinheiro ou desfigurar a missão do dinheiro, a pretexto de que nossos irmãos abastados estejam em condições de felicidade maiores que as nossas.

Devemos compreender os que desfrutam a riqueza material como administradores dos bens de Deus. E tantos deles, mas tantos deles, se fazem nossos benfeitores criando trabalho, estimulando a caridade, auxiliando a educação, fundando escolas, protegendo crianças desamparadas, salvando enfermos desprotegidos.

Precisamos valorizar os companheiros que são portadores da fortuna material, cooperando com eles para que possam administrar bem esses recursos, pois são profundamente responsáveis diante do Senhor, como também aqueles nossos irmãos pobres, que são mais pobres, vamos dizer assim, porque todos nós somos ricos diante de Deus.

Deus nos fez a todos ricos de saúde, ricos de força, de esperança e de fé. A palavra pobre é um tanto imprópria para nossa conservação, digamos, os que estão em penúria material, mas que são humildes diante de Deus, pois não adianta também a penúria material

Diálogos e Mensagens

*quando nós estamos num estado de inconfor-
mação, de rebeldia.*

*Os mais ricos e os menos ricos são irmãos
diante de Deus e nós devemos valorizar os portadores do dinheiro.*

O salário da mediunidade

P – Então, quem trabalha e trabalhou tanto
até agora nada recebe pelo seu trabalho?

R – *Graças a Deus, nunca entrou em nossas
cogitações receber qualquer remuneração pelos livros psicografados, que os nossos amigos
espirituais consideram como sendo um depó-
sito sagrado.*

*Mas é preciso que eu me explique. Tenho
tido uma compensação muito maior que aquela que pudesse vir ao meu encontro através do
dinheiro: é a compensação da amizade.*

*O Espiritismo e a mediunidade trouxe-
ram-me amigos tão queridos, que me dispen-
sam tanto carinho, que eu me considero muito
mais feliz com estes tesouros do coração, como
se tivesse milhões à minha disposição.*

Impressões no transe mediúnico

P – Quais as suas impressões quando está psicografando um dos romances de Emmanuel ou um livro de André Luiz, por exemplo?

R – *Em verdade, eu não sei as palavras, não tenho conhecimento do desenvolvimento verbal daquilo que o amigo espiritual está escrevendo, mas me sinto dentro do clima do livro que eles estão escrevendo.*

Por exemplo: quando nosso amigo espiritual, Emmanuel, começou a escrever o livro Há dois mil anos, em 1938, comecei a ver uma cidade, depois vim a saber que era Roma. Havia jardins na cidade e aquilo me conturbou um pouco, causou-me um certo assombro.

Tendo perguntado, disse-me que estava escrevendo com ele como com alguém debaixo de uma hipnose branda; eu estava no seu pensamento conquanto não soubesse as palavras que ele escrevia. E assim tem sido até hoje.

As mortes súbitas

P – Mestre Chico Xavier – perdoe que insista

Diálogos e Mensagens

chamando assim – como os Espíritos encaram o problema das mortes repentinas para uns, e das mortes precedidas de duros sofrimentos para outros?

R – *Os amigos espirituais têm me ensinado, nestes 40 anos de trabalho mediúnico, que, no mundo espiritual, todos os nossos amigos se esmeram para que tenhamos, na Terra, o máximo de tempo no corpo.*

Há casos em que as longas moléstias são abençoadas preparações do nosso Espírito para a vida maior.

As mortes repentinas, as desencarnações improvisadas, quase sempre são provações e, às vezes, ocorrências inevitáveis no mapa de trabalho traduzido pelo Espírito, ao reencarnar.

Mas estejamos convencidos de que as longas moléstias são abençoados cursos preparatórios para que nos libertemos de muitos caprichos e muitos hábitos que pertencem à vida física, mas sem significação na vida maior.

Fraternidade real

P – Chico Xavier, tem algum fato em sua

experiência mediúnica que o tenha obrigado a pensar mais seriamente na fraternidade humana?

R – *Todas as mensagens que temos recebido durante o tempo de nossas singelas atividades na seara mediúnica nos impelem a compreendermos a necessidade de esforço para que cheguemos à fraternidade, sentida, mas respeitando o tempo dos telespectadores, e pedimos sua permissão para lembrarmos aqui um fato de muita significação que ocorreu em minha vida.*

Creio, não deveria levantar qualquer lance autobiográfico, mas é preciso que recorra a um deles para explicar a lição que recebi.

Em 1939, desencarnou um de meus irmãos, José Cândido Xavier, deixando, sob nossa responsabilidade, a viúva com dois filhinhos.

A viúva de meu irmão era uma moça extraordinária, humilde e bondosa.

Em 1941, ela foi acometida de grave distúrbio mental.

O assunto é longo e vou resumir para que não venhamos a tomar muito tempo.

Depois de alguns meses em que a viúva de meu irmão – que sempre consideramos nossa irmã muito do coração – estava conosco em casa, doente, o caso agravou-se, requerendo internação numa casa de saúde mental, o que foi providenciado em Belo Horizonte, com o auxílio de médicos amigos, da cidade de meu nascimento – Pedro Leopoldo – perto da capital de Minas Gerais.

Acompanhei minha cunhada, a quem sempre dispensei muita consideração e carinho e, ao interná-la na casa de saúde mental, observei o estado de muitos enfermos que ali estavam, naturalmente abrigados com muita segurança, proteção e assistência.

Voltei para casa com o coração muito abatido. Era noite. O segundo filho de minha cunhada, com meu irmão, era uma criança paralítica. A criança chorava e eu me enterneci muito ao ver o pequenino sem a presença materna. Sentei-me e comecei a orar.

As lágrimas vieram-me aos olhos ao lembrar meu irmão desencarnado muito moço ainda, a viúva, tão cedo também, numa prova tão difícil! Na incapacidade de dar a ela a assistência precisa, senti que minha dor era muito grande!

Achegou-se, então, a mim o Espírito de nosso amigo Emmanuel. Perguntou-me por que chorava. Contei-lhe que, naquela hora, eu me enternecia muito por ver minha cunhada numa casa de saúde mental em condições assim precárias.

– Não! – disse ele – Você está chorando por seu orgulho ferido; você, aqui, tem sido instrumento para cura de alguns casos de obsessão, para a melhoria de muitos desequilibrados. Quando aprouve ao Senhor que a provação viesse debaixo de seu teto, você está com o coração amargurado, ferido, porque foi obrigado a recorrer à assistência médica, o que, aliás, é muito natural. Uma casa de saúde mental, um sanatório, um hospício, é uma casa de Deus. Você não deve ficar assim.

Disse-lhe, então, que concordava e pedi-lhe, como espírito benfeitor, que trouxesse a minha cunhada de volta ao lar, pois a criança, o seu segundo filho, era paralítico e aquele choro atestava a falta que o pequenino sentia dela.

Ela voltaria – afirmou-me. Mas aquele Ela voltaria poderia ser depois de muito tempo – o que de fato aconteceu só depois de dois anos.

– Eu queria que ela voltasse depressa – disse a ele, impaciente.

Diálogos e Mensagens

– *Imaginemos a Terra* – respondeu-me – *como sendo o Palácio da Justiça, e ela como sendo uma pessoa incursa em determinada sentença da justiça. Eu sou seu advogado e você é serventuário no Palácio da Justiça. Nós estamos aqui para rasgar ou cumprir o processo?*

– *Para cumprir* – respondi, porém continuei chorando por observar que o assunto era mais grave do que pensava.

– *Por que você continua chorando?* – disse ele.

Querendo me agastar, muito indevidamente, porque a minha atitude era desrespeitosa, diante de um amigo espiritual tão grande e tão generoso, disse-lhe:

– *Estou chorando porque, afinal de contas, o senhor precisa saber que ela é minha irmã!*

– *Eu me admiro muito* – respondeu-me – *porque, antes dela, você tinha lá dentro, naquela casa, trezentas irmãs e nunca vi você ir lá chorar por nenhuma. A dor Xavier não é maior que a dor Almeida, do que a dor Pires, do que a dor Soares, a dor de toda a família que tem um doente. Se você quer mesmo seguir a doutrina que professa, ao invés de chorar por sua cunhada, tome o seu lugar ao lado da criança que está doente, precisando de calor humano. Substitua nossa irmã, exercendo, assim, a fraternidade. – Foi uma lição que não posso esquecer!*

Mediunidade e serviço

P – Compreendendo que você, Chico Xavier, começou com a mediunidade em 1927, como consegue perseverar com a mesma ideia no espaço dos últimos 41 anos?

R – *Desde o princípio da mediunidade, os Espíritos me habituaram à convivência com eles. Acredito que isso ocorreu dessa convivência, pois, desde os cinco anos de idade, quando perdi minha mãe no plano material, sinto-me em contacto com os Espíritos desencarnados.*

A princípio na Igreja Católica e, depois, mais tarde, desde 1927, no Espiritismo propriamente considerado.

Creio que foi a convivência com os amigos espirituais. Eles – como por misericórdia – controlaram-me, ajudaram-me a compreender a obrigação de atendê-los.

Diálogos e Mensagens

Desse modo, essa perseverança não é devida a mim, mas à influência deles.

Respeito mútuo

P – Francisco Cândido Xavier, médium Chico Xavier, como os chefes da Igreja Católica o veem, o entendem, o compreendem?

R – *Até os quinze, dezesseis anos de idade, estive nas práticas católicas e encontrei, na pessoa dos sarcedotes, grandes amigos.*

Em 1927, quando me afastei das práticas católicas e despedi-me daquele que era um particular amigo, o padre Sebastião Scarzelli, pedi que me abençoasse, que orasse por mim e pedisse à nossa Mãe Santíssima que me abençoasse. Ele prometeu-me que faria isso porque sabia dos meus conflitos interiores, das minhas dificuldades.

Todos os nossos amigos católicos também sempre me trataram com muito respeito e só tenho a agradecer-lhes pela bondade com que me tratam até hoje, tanto em Pedro Leopoldo, onde nasci, como aqui em Uberaba, onde estou praticamente há dez anos, vincu-

lado à família uberabense, da qual recebo as maiores provas de estima e bondade, de católicos e profitentes de outras religiões.

As viagens ao exterior

P – Chico Xavier, homem que representou o Brasil noutros países, nós concluímos pedindo apenas que nos diga os países que já visitou para participar de trabalhos sérios, importantes, bem à altura de seu gabarito e da sua seriedade.

R – *Creio que visitei estes países do exterior por acréscimo da misericórdia da Providência Divina, pois, realmente, não tenho títulos nem merecimentos para viagens culturais.*

Em 1965, recebemos convite para irmos aos EEUU a fim de estudarmos a possibilidade, com alguns amigos brasileiros e norte--americanos, de se instalar, na grande nação irmã, um núcleo de estudos do Espiritismo Kardequiano. Pude estar com nossos amigos como o nosso grande companheiro Mister Haddad, Mister Harrison e outros.

Da América do Norte fomos convidados a visitar algumas atividades espíritas na Ingla-

Diálogos e Mensagens

terra, tendo sido recebido ali, com muito carinho, pelo grande jornalista e escritor inglês Mister Maurice Barbanell.

Da Inglaterra, aproveitando a oportunidade, pois estávamos em uma equipe de três companheiros, passamos, então de volta, alguns dias na França, visitando instituições espíritas no sul e em Paris, para, depois, passarmos alguns poucos dias na Itália, Espanha e Portugal.

A Imprensa Espírita

A imprensa espírita-cristã, na atualidade, é a voz de Jesus ecoando no mundo com a força de vinte séculos.

CAIRBAR SCHUTEL

No campo do Espiritismo
Tribuna, livro e jornal
São fontes de suprimento
Do pão espiritual.

CASIMIRO CUNHA

As letras do Espiritismo Evangélico são sinais de luz indicando a Era Nova.

NINA ARUEIRA

A imprensa no Espiritismo é a alavanca do Progresso.

SANK

Arautos do Mundo Novo,
Espiritismo é a epopeia
Do Amor – a sublime idéia
Que a Terra vem restaurar!

Diálogos e Mensagens

Com Jesus, demo-lo ao povo
Pela imprensa enobrecida,
O prelo comanda a vida,
E a vida manda marchar.

CASTRO ALVES

A literatura espírita é sangue novo para o organismo mental do mundo.

ANDRÉ LUIZ

A imprensa espírita é luz
Que se derrama, divina,
Reacendendo a Doutrina
Do Evangelho de Jesus.

JOÃO DE DEUS

Todo jornal espírita é seara
De caridade e luz em manhã clara
No roteiro cristão;
Colheita da verdade e da alegria
Preparando o esplendor do Eterno Dia
Em vida nova para o coração.

CÁRMEN CINIRA

A imprensa espiritista-cristã, sempre que afastada dos problemas pessoais de ordem inferior para centralizar-se nos interesses divinos da alma imperecível, é realmente o Evangelho do Senhor em venerável desdobramento na Terra.

EMMANUEL

(Páginas recebidas pelo médium Francisco Cândido Xavier, em reunião pública, na cidade de Belo Horizonte, MG, em 1951.)

quatorze

A naturalidade dos transplantes

P – Mestre Chico Xavier, qual a opinião dos Amigos Espirituais acerca dos transplantes de órgãos?

R – *Eles dizem que isso é um problema da Ciência muito legítimo, assim como nós fazemos quando utilizamos o motor de um carro, que esteja com os demais implementos estragados, num outro carro que esteja com seus implementos perfeitos, mas com o motor inutilizado.*

Não podemos comparar o homem com o automóvel, mas podemos adotar o símile para compreender que o transplante de órgãos é muito natural e deve ser levado adiante.

P – Os Espíritos acreditam que o transplante de órgãos seja contrário às leis naturais?

Diálogos e Mensagens

R – *Não. Eles dizem que, assim como nós aproveitamos uma peça de roupa que não tem utilidade para determinado amigo, e esse amigo, considerando a nossa penúria material, cede-nos essa peça de roupa, é muito natural, ao nos desvencilharmos do corpo físico, venhamos a doar os órgãos prestantes a companheiros necessitados deles que possam utilizá-los com segurança e proveito.*

O fenômeno da morte e a situação do doador

P – Que pensar da situação do doador de órgãos, no momento da morte, uma vez que seu instrumento físico se viu despojado de parte importante?

R – *É o mesmo que sucede com uma criatura que cede seus recursos orgânicos a um estudo anatômico, sem qualquer repercussão no Espírito que se afasta – vamos dizer, de sua cápsula material.*

O nosso amigo André Luiz considera que, excetuando-se determinados casos de mortes em acidentes e outros casos excepcionais, em que a criatura necessita daquela provação, ou seja, o sofrimento intenso no momento da morte, esta, de um modo geral, não traz dor alguma porque a demasiada concentração do dióxido de carbono no organismo determina anestesia do sistema nervoso central, diz ele.

Estou falando como médium, que ouve esses amigos espirituais; não que eu tenha competência médica para estar aqui, pronunciando-me em termos difíceis.

Os Espíritos nos explicam que, quando alguém, por amor ao semelhante, doa seus órgãos, ocorre o fenômeno da concentração do gás carbônico no organismo, que eleva o teor da anestesia do sistema nervoso central provocando um fenômeno que eles chamam de acidose. Com a acidose, vem a insensibilidade, e a criatura não tem os fenômenos de sofrimento que nós imaginamos.

O doador, naturalmente, não tem, em absoluto, sofrimento algum.

O trabalho médico
e os Espíritos

P – Os Espíritos, por acaso, Mestre Chico Xavier, auxiliam doadores e receptores de órgãos, bem como as equipes cirúrgicas que se empenham em tão duras tarefas?

R – *Auxiliam e muito. Os Espíritos Amigos*

dizem que a missão do médico se reveste de tamanha importância, que ainda mesmo o médico absolutamente materialista está amparado pelas forças do mundo superior, a benefício da saúde humana.

Nós não podemos esquecer também que outros médicos que desencarnaram na Terra passam a estudar a medicina em outros aspectos, em aspectos mais evoluídos, no mundo espiritual, e se reencarnam com determinadas tarefas.

Há tempos, ouvi o Espírito de um médico amigo, que conheci muito em Belo Horizonte, e que era devotado à cancerologia. Ele informou-me que, no espaço, está estudando a cancerologia desdobrada em outros aspectos e outros fenômenos, pretendendo reencarnar dentro em breve, para estar conosco, em princípios do século futuro, aperfeiçoando as técnicas e estudos da cancerologia na Terra.

Sobrevida

P – Os Espíritos falam que uma pessoa que esteja sofrendo agora está resgatando faltas do passado; no caso de um transplante de órgãos como este, terá obtido, o enfermo, um novo merecimento?

R – *No caso do receptor, sim. Ele terá adquirido uma sobrevida, determinando moratória de extraordinário valor para ele.*

O nosso amigo, que foi beneficiado em S. Paulo, viveu, segundo notícias que temos, 30 dias, não sei bem.

Mas é uma sobrevida extraordinária para uma criatura que tem muitos negócios, muitos assuntos a realizar e, com um mês, com vinte dias, pode solucionar enormes problemas e partir com muita serenidade, muita alegria, para o mundo espiritual.

P – E no caso – eu peço licença para fazer um desdobramento desta pergunta – daquele que não tem muitos negócios, como no caso de João Boiadeiro?

R – *Nós devemos considerar este homem como um amigo, um benfeitor da Humanidade, que serviu para nós todos como modelo para uma experiência aproveitável para as criaturas de grandes negócios, que interferem no destino de muita gente.*

Impressão depois da morte

P – Chico Xavier, não sabemos se esta per-

Diálogos e Mensagens

gunta está prejudicada: de modo geral, qual será a primeira impressão da criatura humana na ocasião precisa da morte?

R – *Para todos aqueles que terminaram a existência terrestre com uma consciência tranquila, limpa, conquanto os muitos erros em que todos nós incorremos nesta existência, a impressão no outro mundo é de profunda alegria, de felicidade mesmo, no reencontro com as pessoas queridas que os antecederam na grande transformação. Mas, quando nós malbaratamos os patrimônios da vida, quando não consideramos as nossas responsabilidades, é natural que soframos as consequências disso no mundo espiritual, antes de voltarmos, naturalmente à Terra, em novo renascimento, para o resgate a que fazemos juz.*

Drogas alucinógenas, loucura e obsessão

P – Portanto, nós perguntamos: as drogas que produzem estes desequilíbrios temporários podem ser responsáveis por loucura ou obsessão?

R – *A esse respeito o nosso André Luiz tem conversado muitas vezes comigo, naturalmente tentando vencer a minha ignorância de* criatura sem recursos acadêmicos, para dar à sua palavra a interpretação necessária.

Os Espíritos amigos, representados na sua pessoa, dizem-nos que não só a viciação pelo ácido lisérgico, ou por um outro alcaloide qualquer, opera a viciação de nossa vida mental.

Quando entramos pela delinquência, quando caminhamos pelas vias da criminalidade, adquirimos distúrbios muito sérios para a nossa vida espiritual.

Toda a vez que ofendemos a alguém estamos dilapidando a nós mesmos, porque estamos conturbando o mundo harmonioso em que se processa a nossa vida; assim é que muitos Espíritos, muitas pessoas amigas desencarnadas que tenho visto em sofrimento no mundo espiritual, ao reencarnar-se, o faz em condições mentais precárias, encontrando-se em muitos graus de alienação mental, em muitos graus de enfermidade.

André Luiz me diz que a nossa mente na vida natural libera substâncias químicas necessárias à preservação da nossa paz, no cumprimento dos nossos deveres na Terra. Porém, quando nós conturbamos o binômio alma – corpo, caímos em problemas espirituais muito difíceis.

Diálogos e Mensagens

Assim é que muitos fenômenos da loucura e da obsessão, diz André Luiz, são atribuíveis à liberação anormal das catecolaminas, da medular da suprarrenal, tanto quanto dos seus depósitos outros no organismo e, assim, consequentemente, de seus produtos de metabolização, como sejam, a adrenolutina e o adrenocromo, cuja ação específica, interferindo na distribuição da glicose no cérebro, determina alterações sensoriais muito grandes, alterações estas que serão estudadas, com segurança, pela medicina psicossomática do futuro.

Emmanuel, que entra como um grande evangelizador, diz que, por isso mesmo, Jesus afirmou: o reino de Deus está dentro de vós: Mas assim como o reino de Deus está dentro de nós, o reinado temporário do mal, ou das trevas, está também dentro de nós, quando nos afeiçoamos às trevas. E, acrescenta, às relações de André Luiz, que "a Ciência e a Religião são as duas forças propulsoras e mantenedoras do equilíbrio na Terra.

Sem a Ciência, o mundo se converteria numa selva primitivista, sob o domínio da animalidade; mas sem a Religião, converteríamos a Terra num hospício de largas dimen-

sões em que a irresponsabilidade caminharia em todas as direções."

Então, nós – os religiosos – e os cientistas vamos caminhando lado a lado, pois com base na própria Ciência e segundo os ensinamentos religiosos de todas as raças, é do equilíbrio das nossas emoções que resulta a saúde perfeita, o corpo sadio.

Uma pessoa, por exemplo, está no mundo espiritual em posição precária quanto à sua vida mental, e se reencarna em condições difíceis. Logo na primeira meninice, aparece a esquizofrenia. Temos aí um caso que pode ser curável, conforme o merecimento espiritual da criatura. Curável porque o problema da emoção conturbada já desencadeou determinados distúrbios mentais que desregularizaram as fontes de distribuição das substâncias químicas do nosso organismo.

Temos muita coisa para estudar no futuro. Todavia, podemos asseverar que o mal será sempre um fator desencadeante de doença, seja ele qual for.

Peço licença para dizer que não estou falando por ter ciência de mim mesmo. Estou falando como uma pessoa que ouve dos amigos espirituais.

Diálogos e Mensagens

Por exemplo, eles falam que a libertação anormal das catecolaminas, a que nos referimos, gera produtos de decomposição da adrenalina, como sejam, a adrenolutina e o adrenocromo. Vai se estudar muito a esse respeito, em matéria de psicologia e de psiquiatria, a fim de curar, pois estas doenças são todas curáveis, são sustáveis, podem ser paralisadas.

Mas eu digo não por mim, mas porque ouço André Luiz. Se eu estiver cometendo alguma impropriedade para os amigos telespectadores laureados com títulos acadêmicos, que não possuo de forma alguma, peço perdão, como uma pessoa que está interpretando mal a palavra dos Espíritos. Os Espíritos me ensinam muita coisa, mas não tenho recursos para transmiti-las. Gostaria de ser uma pessoa com mais instrução, com mais valores culturais.

Peço ao nosso amigo Saulo Gomes este parênteses para pedir perdão por alguma tolice que esteja falando. Estou tentando transmitir a palavra dos Espíritos, aos quais muito pedi que me orientassem e ajudassem nessa conversação de hoje.

Passei o dia orando, pedindo compreensão da responsabilidade de uma conversação dessas, na televisão.

Dediquei a vida inteira aos bons Espíri-

tos e peço a eles que me ajudem a cometer a cota menor possível de erros, porque não tenho mesmo recursos. Estou falando porque ouvi.

Assistência espiritual

P – Os Espíritos informam, mestre Chico Xavier, se as pessoas que morrem recebem assistência no outro mundo?

R – *Não há ninguém desamparado. Assim como aqui na Terra, na pior das hipóteses, renascemos a sós, em companhia de nossa mãe, mas nunca sozinhos, no mundo espiritual também a Providência Divina ampara todos os Seus filhos.*

Ainda aqueles considerados os mais infelizes, pelas ações que praticaram, e que entram no mundo espiritual com a mente barrada pela sombra, que eles próprios criaram em si mesmos, ainda esses têm o carinho de guardiães amorosos que os ajudam e amparam, no mundo de mais luzes e mais felicidade.

Primeiro contato com o mundo espiritual

P – Diante das informações que você dá de

Diálogos e Mensagens

contatos com os amigos que já não estão mais neste mundo, poderá recordar como nasceu, em seu pensamento, a primeira ideia do mundo espiritual?

R – *Devo dizer que tenho dito isto em diversas ocasiões e posso reafirmar aqui: a minha ideia com respeito à imortalidade da alma nasceu em meu cérebro quando estava de quatro para cinco anos de idade.*

Minha mãe era católica e nos ensinava o caminho da oração e da meditação.

Em se vendo às portas da morte, sabendo que meu pai estava desempregado, preocupada com seus nove filhos, todos menores, pediu às amigas que se incumbissem deles, guardando-os até que meu pai pudesse reavê-los para o lar.

Quando ela me entregou para uma senhora (ela pediu a nove amigas), eu lhe disse:

– Mas, minha mãe, a senhora está me dando assim para os outros, a senhora que é tão boa! Nós queremos tanto bem à senhora e está nos entregando assim, mamãe, para os outros?

Naquele tempo, eu tinha de quatro para cinco anos, mas estou repetindo a cena com meu pensamento ligado ao coração materno.

Então, ela fez um olhar de muito espanto e disse:

– Não você! Eu já dei sete crianças e nenhuma reclamou. Você não pode admitir que eu esteja desprezando vocês – falou com dificuldade. Acompanhe Ritinha – era a amiga que se incumbiu de ficar comigo – e procure se comportar bem. Eu vou sair daqui e todo mundo vai dizer que eu morri e não volto mais. Não acredite nisso, mas acredite que sua mãe vai voltar para buscar vocês todos. Eu não vou morrer e, se eu demorar muito, mandarei uma moça buscar vocês (isso ela disse compreendendo que meu pai era um homem ainda moço com nove filhos e que era natural que fizesse um segundo casamento, como fez).

Você vá com confiança porque eu não vou morrer; eu vou sair daqui carregada – naturalmente ela falava assim para apaziguar o meu coração, que sofria muito com aquela perda. No outro dia, minha mãe desencarnou. Todo mundo chorava, mas eu confiava na sua palavra.

Fui morar com essa senhora que, apesar de ser uma criatura de qualidades muito nobres, às vezes ficava nervosa. Em meu caso, *ela ficava nervosa diariamente e, então, eu apanhava bastante com vara de marmelo.*

Minha mãe nos ensinava a prece. Toda noite, entre oito e nove horas, acendia a lamparina de querosene, punha-nos de joelhos para fazermos a prece, pedirmos socorro de Deus e nossa Mãe Santíssima.

Quando aquela senhora saía à passeio, à tarde, com o marido e o sobrinho – que era para ela um filho adotivo –, eu corria para debaixo de uma bananeira e começava a rezar, conforme minha mãe me tinha ensinado, as orações de sempre.

Uma tarde – eram mais ou menos dezoito horas – eu estava orando, quando voltei-me e vi minha mãe atrás das folhas. Fiquei muito alegre. Na minha cabeça, de cinco anos de idade, não havia problemas. Minha mãe dissera que não iria morrer e que viria me buscar; eu não conhecia as dúvidas do povo na Terra, se existe ou não alma. Abracei minha mãe com aquela alegria, com aquele contentamento! Disse a ela que agora não nos separaríamos mais. Ela, entretanto, disse-me que estava em tratamento, precisava voltar e não podia ficar comigo. Viera cumprir a palavra de que estava comigo. Perguntei-lhe se sabia que eu apa-

nhava; disse estar informada de tudo e que eu devia ter muita paciência; que eu precisava mesmo de apanhar e isso era bom para mim.

Nesse dia, quando ela se despediu, abençoou-me.

Quando a senhora que tomava conta de mim voltou, disse a ela:

– Dona Ritinha, eu vi minha mãe, hoje ela veio me ver!

– Meu Deus! – disse ela – Este menino está ficando louco e, para consertar isso, uma boa surra agora.

E, por causa da visão, eu tive uma surra. Começara a luta e o conflito.

Assim, minha primeira ideia foi obtida no seio da Igreja Católica.

Transplantes, mensagem do Dr. Bezerra de Menezes

P – Você, na qualidade de médium, já recebeu alguma mensagem sobre o tema do transplante?

R – *Tenho aqui uma mensagem que foi recebida na manhã do dia 18 de junho, com alguns amigos de São Paulo. Vieram aqui e estáva-*

mos falando sobre a vitória do Dr. Zerbini e de sua equipe de médicos em S. Paulo, em matéria de transplante. Depois disso, fomos orar, aqui mesmo, nesta sala da Comunhão Espírita Cristã.

Como é natural, abrimos o Evangelho e a lição do dia caiu naquela parte em que Jesus se encontra com Zaqueu, o rico daquele grande ensinamento da Boa Nova. Foi com grande alegria para nós que o Dr. Bezerra de Menezes, que tem conversado muito conosco a respeito do assunto transplante, deu uma mensagem que gostaria de pedir à nossa Dalva.

O assunto era transplante e eu pedi a ela para trazer.

TRANSPLANTES

Leitura no culto do Evangelho:

"Jesus na casa de Zaqueu" Lucas, XIX: 1 a 10

Deter-nos-emos, em nossa ligeira reunião, tão somente no assunto de vossos comentários, em nossa intimidade familiar.

Por que permitiria o Senhor que a Ciência na Terra se decida, com tanto empenho, no estudo e na execução do transplante de órgãos e membros do corpo humano?

Notemos que a iniciativa se fundamenta em motivos respeitáveis. Isso vem lembrar a cada um de vós outros o tesouro do envoltório físico que não menosprezamos sem dano grave.

Senão vejamos.

Tendes hoje máquinas avançadas para a confecção dos mais singelos serviços, no entanto, quem se lembraria de vender um braço, a pretexto de possuir engenhos para a solução de necessidades essenciais?

Dispondes de carros velozes para o trânsito perfeito em terra, mar e ar, contudo, por guardardes semelhantes utilidades, não colocaríeis um pé no mercado de oferta e procura.

Vossos aparelhos de observação alcançam o firmamento e vasculham as mais obscuras paisagens do microcosmo, entretanto, isso não é razão para tabelardes o preço de um dos olhos para quem aspire a comprá-lo.

Conseguistes laboratórios eficientes, nos quais a perquirição atinge verdadeiros prodígios, todavia, por essa razão, não cederíeis por dinheiro um dos vossos rins, os admiráveis

Diálogos e Mensagens

laboratórios de filtragem que vos garantem a saúde.

Vêde, pois, filhos, que todos sois Zaqueus, diante da vida, todos sois milionários da oportunidade e do serviço, no abençoado corpo que vos permite sentir, pensar, agir, trabalhar, construir e sublimar na Causa do Bem Eterno.

Basta aceiteis o impositivo da ação edificante e adquirireis empréstimos sempre maiores na Organização Universal dos Créditos Divinos. De todos os recursos, porém, que vos são confiados, o corpo físico é o mais importante deles, por definir-se como sendo o refúgio em que obtemos no mundo o valioso ensejo de progredir e aperfeiçoar a nós mesmos, na esfera da experiência.

Zaqueus da Terra, todos ricos de tempo e de instrumentos do bem, para a evolução e melhoria constantes, aprendamos a servir para merecer e merecer para servir cada vez mais.

Em Torno do Livro

O livro que instrui e consola é uma fonte do Céu transitando na Terra.

BEZERRA DE MENEZES

Cuidado com o teu lápis e com a tua pena! Quem escreve está conversando com a humanidade inteira.

ROMUALDO SEIXAS

O Livro, filho da luz,
Que nos impele à bondade,
É floração de Jesus
No campo da humanidade.

JOÃO DE DEUS

Cada autor dá notícia do plano iluminado ou escuro que lhe serve de habitação.

IRMÃO X

Meu irmão: lê com proveito,
O livro nobre e seguro.
Melhoramento de agora
É bênção para o futuro.

CASIMIRO CUNHA

Diálogos e Mensagens

A natureza, no céu e na terra, é o livro imenso em que a sabedoria divina se manifesta em caracteres de estrelas, fontes e flores...

O livro no mundo é a mensagem em que se manifesta o espírito humano. O livro é sempre uma usina geradora de vibrações, no paraíso dos mais sublimes ideais da humanidade, ou no inferno das mais baixas ações das zonas inferiores.

ANDRÉ LUIZ

Dize-me o que lês e dir-te-ei quem és.

CAIRBAR SCHUTEL

Todo livro que ajuda e consola
Traz a voz de Jesus na grande escola
Da verdade robusta, clara e sã.
Faze o bem ao sol vivo da alegria
E seguirás com o Cristo, dia a dia,
Hoje, agora e amanhã.

CÁRMEN CINIRA

O livro edificante é o templo do Espírito, onde os grandes instrutores do passado se comunicam com os aprendizes do presente, para que se façam os Mestres do futuro.

NINA ARUEIRA

(Páginas recebidas pelo médium Francisco Cândido Xavier, em reunião pública, realizada na cidade de Belo Horizonte, MG, em 1950.)

quinze

Tubo de ensaio e renascimento

P – Um assunto que está despertando grande interesse na opinião pública mundial.

Trata-se do ser humano que, dentro em breve, estará entre nós, cremos, produto de um tubo de ensaio. O conhecimento profundo, em matéria espiritual, de Chico Xavier, parece-nos, é muito importante. Que ele emita o seu pensamento e o da própria doutrina espírita em relação a isso. Que acha Chico Xavier e o mundo espírita da criança que o homem começa agora a gerar num tubo de ensaio?

R – *Tenho ouvido por diversas vezes o Espírito de Emmanuel a respeito disso.*

Ele diz que o nosso respeito à Ciência deve ser inconteste e que o progresso da ciência é infinito, porque a solução do problema

Diálogos e Mensagens

do tubo de ensaio, para o descanso do claustro materno, é viável. Mas restará à Ciência um grande problema, o problema do amor com que o Espírito reencarnante é envolvido no lar pelas vibrações de carinho, de esperança, ternura, confiança de pai e mãe, no período também da infância, em que a criança é rodeada de amor, muito mais alimentada de amor do que de recursos nutrientes da terra!

Vamos ver como é que a Ciência poderá resolver este problema para que não venhamos a cair em monstruosidades do ponto de vista mental.

Sexo

P – Como é vista, Chico Xavier, no mundo espiritual, a influência crescente do tema sexo?

R – *Antes de entrar diretamente neste assunto, convém declarar, em nossa formação cristã, que sem o lar constituído, sem a família organizada, sem amparo à maternidade, sem respeito à dignidade do homem, a civilização – no conceito dos Espíritos que se têm comunicado conosco – pode descer à estaca zero.*

Considerando, porém, a influência cres-

cente dos temas de natureza sexual nas conversações e publicações do nosso tempo, precisamos considerar que o assunto esteve quase que propositadamente sufocado durante séculos.

É natural que ele agora surja, à maneira de explosão, mostrando reações em cadeia, por toda parte, exigindo legislação mais humanitária para a liquidação dos problemas de natureza afetiva e solicitando educação.

Não nos referimos aqui, segundo os Bons Espíritos, ao uso de implementos físicos, mas sim à educação da alma, à educação dos nossos sentimentos, porque o problema sexo é muito mais de coração para coração, de alma para alma, e por isso mesmo merece toda a consideração daqueles que nos inspiram e orientam, na governança de nossas vidas e de nossos destinos.

Diálogos e Mensagens

dezesseis

Receptividade dos livros em castelhano

P – Como os latino-americanos têm recebido as edições dos livros psicografados por você, em Espanhol? Qual deles encontrou maior receptividade?

R – *Acerca das várias traduções de nossos Amigos Espirituais para o Castelhano, tenho recebido frequentemente cartas de companheiros latino-americanos, notadamente da Argentina, expressando satisfação e simpatia.*

Parece-nos que o livro Nosso Lar, de André Luiz, lançado pela Editora Kier, em Buenos Aires, em excelente tradução do Professor Guerrero Ovalle, vem recebendo particular atenção dos nossos amigos de fala Espanhola.

Emmanuel e a religião espírita

P – Pelo que depreendemos, dá o benfeitor Emmanuel muita ênfase ao prisma religioso da Doutrina Espírita. Por que isso?

R – *Emmanuel costuma afirmar-nos que, sem religião, seríamos, na Terra, viajores sem bússola, incapazes de orientar-nos no rumo da elevação real.*

Religião espírita

P – Podemos usar, com exatidão, o termo Religião Espírita?

R – *A nosso ver, a legenda Religião Espírita seria muito adequada aos ensinamentos doutrinários do Espiritismo, repletos de consequências morais, conquanto, de minha parte, deva respeitar o ponto de vista dos companheiros que não pensam assim.*

Divulgação

P – Em seu contato permanente com o mundo Espiritual, nos seus quarenta e quatro anos de

Diálogos e Mensagens

mediunidade, qual a técnica dos Benfeitores Espirituais quanto à divulgação doutrinária?

R – *Não posso precisar qual seja a técnica dos nossos Instrutores na divulgação doutrinária, mas o que vejo todos os dias é que, para eles, todas as criaturas são importantes e que todas – mas claramente todas – são dignas da máxima atenção daqueles que ensinam e esclarecem, nos domínios da consolação e da Verdade.*

O lado científico do espiritismo

P – Que dizer daqueles irmãos que se esforçam por enfatizar apenas o lado científico do Espiritismo?

R – *Cremos seja isso um problema de vocação para trabalho em determinados campos da vida. Os que enfatizam unicamente o lado científico do Espiritismo possuem o direito de assim agirem, tanto quanto nós outros, os que emprestamos significação especial ao lado religioso da Doutrina Espírita, também procedemos assim levados pelo impulso natural em que nos acomodamos com a fé religiosa.*

Mediunidade com Jesus

P – Como entende você a mediunidade espírita com Jesus?

R – *Para mim, e digo isso apenas com respeito à minha pobre e apagada pessoa, mediunidade espírita com Jesus tem sido um processo de iluminação, pelo qual, quanto mais os Bons Espíritos escrevem e se comunicam por meu intermédio, mais evidentes se tornam os meus defeitos e inferioridades, não só perante os outros como também diante de mim mesmo.*

Compreendo, desse modo, que mediunidade com Jesus para mim tem sido um encontro progressivo e constante comigo mesmo, em que a luz dos Amigos Espirituais me mostra, sem violência, quanto preciso ainda aprender e trabalhar para melhorar-me.

Terapêutica das obsessões

P – Quais os métodos terapêuticos ideais contra o processo obsessivo?

R – *Os Bons Espíritos são unânimes em afirmar que quanto mais nos melhorarmos*

Diálogos e Mensagens

em Espírito, menores serão sempre as nossas possibilidades de ligação com as forças desequilibradas das sombras.

Radicalismo e obsessão

P – O radicalismo em matéria de fé pode ser encarado como obsessão?

R – *Cremos que não, em nos referindo ao simples radicalismo, mas no radicalismo excessivo, admito que estaremos caindo em perturbações.*

O espiritismo e o sexo

P – Que acha você da abordagem dos problemas de sexo, no tratamento dos temas doutrinários?

R – *Acreditamos que a Obra de Allan Kardec, principalmente nos textos de O Livro dos Espíritos favorece essa abordagem com grande proveito, seja para o indivíduo, seja para a comunidade.*

P – O Espiritismo não deverá contribuir para que o problema sexo deixe de ser um tabu?

R – *Os Benfeitores da Vida Superior esclarecem que o Espiritismo contribuirá, decisiva-*

mente, para que os temas do sexo sejam tratados no Mundo com o devido respeito, sem tabus que patrocinem a hipocrisia e sem a irresponsabilidade que impele à devassidão.

O espiritismo e a família

P – Que acha você da posição da Família, nos dias que correm, e da contribuição que o Espiritismo pode dar para a sua consolidação em bases cristãs?

R – *Os conceitos de família, à luz da Doutrina Espírita, a nosso ver, caminham para mais ampla compreensão da liberdade construtiva e do respeito mútuo que devemos uns aos outros.*

Assistência social e divulgação

P – No entender de Emmanuel, qual será mais importante: as tarefas de assistência social ou as de divulgação doutrinária?

R – *Ambas as tarefas se revestem de importância fundamental na opinião de nosso abnegado orientador.*

A inquietação da juventude

P – A inquietação da mocidade é medo da vida

ou falta de entrosamento com o modo de pensar das gerações mais velhas?

R – *Os Amigos Espirituais asseveram que todos estamos – os Espíritos atualmente encarnados na Terra –, seja em posição de mocidade ou madureza física, sofrendo indisfarçável inquietação na procura de novas formas de pensamento e progresso, e que isso é um estado natural de ideias e de cousas, na renovação da Humanidade.*

P – Por que os moços não se ajustam, de modo geral, aos velhos padrões? Não estariam aguardando uma mensagem que não estamos sendo capazes de lhes transmitir?

R – *Segundo os mensageiros da Espiritualidade Maior, nós, as criaturas terrestres de todas as idades, superaremos as crises atuais, e dizem que as transformações aflitivas do Mundo moderno se verificam para o bem geral.*

Espiritismo, loucura e doenças incuráveis

P – Como entender a loucura e as doenças chamadas incuráveis, à luz do Espiritismo?

R – *Loucura e doenças incuráveis, à luz do Espiritismo, estão arraigadas às nossas necessidades de aprendizado e evolução, resgate e aperfeiçoamento, nos campos da reencarnação, e os Instrutores da Espiritualidade acrescentam que a Ciência e a Religião operam no Planeta, sob a inspiração da Providência Divina, para amenizar, diminuir, sustar ou extinguir as provações dos homens, conforme a necessidade e o merecimento de cada um.*

Crença na reencarnação

P – Como se explica a existência de espíritas que negam a reencarnação?

R – *Cremos seja a ocorrência devida a reflexões superficiais em torno do assunto, mas, na essência, a reencarnação é como Verdade que brilha para todos, despertando as consciências, uma por uma, na medida do amadurecimento que venham a apresentar.*

As providências do perdão

P – Ao transmitir, caro Chico, sua mensagem

Diálogos e Mensagens

final aos irmãos de fala Castelhana, rogamos-lhe a gentileza de narrar-nos um dos inúmeros fatos mediúnicos que o sensibilizaram no correr das suas quatro décadas de tarefas ininterruptas de mediunidade com Jesus.

R – *Das experiências de nossa tarefa mediúnica, citaremos uma delas, para nós inesquecível.*

Nos arredores de Pedro Leopoldo, há anos passados, certa viúva viu o corpo de um filho assassinado, ao chegar, repentinamente, a casa.

Desde então, chorava sem consolo.

O irmão homicida fugira, logo após o delito, e a sofredora senhora ignorava até mesmo porque o rapaz perdera tão desastradamente a vida.

Agravando-se-lhe os padecimentos morais, uma nossa amiga, já desencarnada, D. Joaninha Gomes, convidou-nos a ir em sua companhia partilhar um ligeiro culto do Evangelho, com a viúva enlutada.

A desditosa mãe acolheu-nos com bondade e, logo após, em círculo de cinco pessoas, entregamo-nos à oração.

Aberto em seguida O Evangelho segundo

o *Espiritismo*, ao acaso, caiu-nos sob os olhos o item 14 do Capítulo X, intitulado *Perdão das Ofensas*

Ia, de minha parte, começar a leitura, quando alguém bateu à porta.

Pausamos na atividade espiritual, enquanto a dona da casa foi atender.

Tratava-se de um viajante maltrapilho, positivamente um mendigo, alegando fome e cansaço.

Pedia um prato de alimento e um cobertor.

A viúva fê-lo entrar com gentileza, a pedir-lhe alguns momentos de espera.

O homem acomodou-se num banco e iniciamos a leitura.

Imediatamente depois disso, comentamos a lição de modo geral.

Um dos assistentes perguntou à dona da casa se ela havia desculpado o infeliz que lhe havia morto o filho querido, cujo nome passou, na conversação, a ser, por várias vezes, pronunciado.

A viúva asseverou que o Evangelho, pelo menos, determinava-lhe perdoar.

Diálogos e Mensagens

Foi então que o recém-chegado e desconhecido exclamou para a nossa anfitriã:

– Pois a senhora é mãe do morto?

E, trêmulo, acrescentou que ele mesmo era o assassino, passando a chorar e a pedir perdão de joelhos.

A viúva, igualmente em pranto, avançou maternalmente para ele e falou:

– Não me peça perdão, meu filho, que eu também sou uma pobre pecadora... Roguemos a Deus para que nos perdoe!...

Em seguida, trouxe-lhe um prato bem feito e o agasalho de que o desconhecido necessitava.

Ele, entretanto, transformado, saiu do Culto do Evangelho conosco e foi se entregar à Justiça.

No dia imediato, Joaninha Gomes e eu voltamos ao lar da generosa senhora, e ela nos contou, edificada, que durante a noite sonhara com o filho a dizer-lhe que ele mesmo, a vítima, trouxera o ofensor ao seu regaço de Mãe, para que ela o auxiliasse com bondade e socorro, entendimento e perdão.

Definição do Brasil

EMMANUEL

Achamo-nos todos à frente do Brasil, nele contemplando a civilização cristã, em seu desdobramento profundo. Nele, os ensinamentos de Jesus encontram clima adequado à vivência precisa.

Em verdade, testemunhamos todos, na atualidade da Terra, a expansão da angústia por falta de apoio espiritual às novas gerações, chamadas pela Ciência à contemplação do Universo.

Agigantou-se o raciocínio da Humanidade, imperioso se lhe alteie também o sentimento às elevadas esferas em que se lhe paira hoje o cérebro, no domínio das estrelas.

Embora nos reconheçamos necessitados da fé raciocinada com o discernimento da Doutrina Espírita, é forçoso observar que não é a queda dos símbolos religiosos aquilo de que mais carecemos para estabelecer a tranquilidade e a segurança entre as criaturas, mas sim a nova versão deles, porquanto, sem a religião orientando a inteligência, cairíamos todos nas trevas da irresponsabilidade, com o esforço de

Diálogos e Mensagens

milênios volvendo talvez à estaca zero, do ponto de vista da organização material na vida do Planeta.

Compreendamos todos que, na oculta dinâmica das galáxias, das estrelas fixas, do espaço curvo, da rotação da Terra, das ondas elétricas, das ciências psicológicas que presentemente se entregam a laborioso trabalho de definição do Homem nas suas mais íntimas estruturas, Deus – ou a sabedoria onipresente do Universo –, por seus mensageiros, fala ao Mundo uma nova linguagem.

Se o Brasil puder conservar-se na ordem e na dignidade, na Justiça e no devotamento ao progresso que lhe caracterizam os dirigentes, mantendo o trabalho e a fraternidade, a cultura e a compreensão de sempre, para resolver os problemas da comunidade e, com o devido respeito à personalidade humana e com o devido acatamento aos outros povos, decerto que cumprirá os seus altos destinos de pátria do Evangelho, na qual a Religião e a Ciência, enfim unidas, se farão as bases naturais da felicidade comum através da prática dos ensinamentos vivos de Jesus Cristo.

(Mensagem psicografada por Francisco C. Xavier, em Uberaba, MG, na tarde de 18 de agosto de 1971, para a reportagem da revista O Cruzeiro, do Rio de Janeiro.)

dezessete

Insatisfação do mundo atual

P – O que os Espíritos têm dito a respeito da insatisfação do mundo de hoje?

R – *Os nossos guias espirituais traduzem a nossa insatisfação, no mundo inteiro, como sendo a ausência de Jesus Cristo em nosso Coração.*

Quando nos adaptarmos em definitivo ao espírito da doutrina para a vivência cristã, em nossas relações mútuas, toda insatisfação desaparecerá, porque, estabelecida a paz em nossa consciência, com o nosso dever cumprido, as próprias doenças naturalmente recuarão, pois muitas delas são simples consequências de nossos desajustes espirituais, em decorrência de nosso afastamento de Cristo, como luz divina para o nosso coração.

Diálogos e Mensagens

Estamos nos referindo não só ao Espiritismo Evangélico, mas a todo o Cristianismo, a todas as escolas cristãs.

Os cristãos têm necessidade dessa união em torno da verdade. Nós precisamos de Cristo.

Os tempos estão chegados

P – Os espíritas dizem sobre a transição de nosso planeta: *Os tempos estão chegados.* O que diria Chico Xavier a esse respeito?

R – *Sim, chegados para um maior conhecimento da verdade, com o patrocínio da Ciência.*

Cada um de nós, no entanto, tem sofrido impactos muito grandes dessas mesmas verdades, por falta de Cristo em nosso coração, e nós não estamos sabendo aliar o coração ao cérebro.

Temos uma inteligência talvez excessivamente cientifista, mas o coração um tanto quanto retardado.

Precisamos desalojar o ódio, a inveja, o ciúme, a discórdia de nós mesmos, para que possamos chegar a uma solução em matéria de paz, de modo a sentirmos que os tempos estão chegados, para a felicidade humana.

A juventude de hoje

P – Como o senhor vê a juventude atual?

R – *Eu creio na juventude como sendo a esperança não só do Brasil como do mundo inteiro.*

A acusação que pesa sobre a chamada juventude transviada, eu quero crer que não procede, porque o número de jovens que se dedicam ao trabalho, ao estudo, à dignidade humana e à sua própria respeitabilidade no cumprimento de seus deveres é ilimitado, e não podemos sacrificar essa maioria extraordinariamente maravilhosa, principalmente a juventude brasileira que conhecemos muito bem, a essa minoria, que em todos os tempos foi a minoria dos Espíritos rebeldes, no campo da humanidade.

Obsessões

P – O que diria sobre o grande número de obsessões?

Diálogos e Mensagens

R – *Consideramos ainda o caso da insatisfação.*

Nós perdemos o contato com Cristo, que é a Luz Divina para a nossa consciência e, de imediato, criamos tomadas para o domínio das sombras.

Aí a obsessão pode surgir. Surgir com os traumas psicológicos, com as doenças mentais que estão devidamente catalogadas pela medicina para tratamento adequado.

Mas creio que, se nós nos ajustarmos aos princípios evangélicos, respeitando-nos mutuamente, cada qual no seu setor, com o cumprimento dos nossos deveres, a obsessão também diminuirá, caminhando para o desaparecimento completo.

Mediunidade consciente

P – O senhor tem *conhecimento das mensagens recebidas no exato momento em que as recebe, ou somente depois que as lê?*

R – *Normalmente, eu não tenho conhecimento do assunto. Leio a mensagem como qualquer leitor.*

Chico Xavier

Agora, sobre a produção da mensagem, existem horários estabelecidos pelos Amigos Espirituais.

A determinadas horas, temos sessões públicas, a determinadas horas, temos encontros espirituais particulares para a formação de livros. Fico então sabendo que vamos ter esses encontros. Mas o teor da mensagem eu só conheço depois de recebida.

Prova da reencarnação

P – Qual a maior prova concreta que Francisco Cândido Xavier aponta sobre a reencarnação?

R – *A lógica para compreendermos a desigualdade no campo das criaturas humanas.*

Por que é que uns renascem sofrendo em condições muito mais difíceis do que os outros? Não podemos admitir a injustiça divina! Deus é a justiça suprema. Portanto, nós devemos a nós mesmos a consequência dos nossos desajustes.

Se eu pratiquei um crime, se lesei alguém, é natural que, não tendo pago a minha dívida moral durante o espaço curto de uma existência, é justo que eu faça esse resgate em outra existência, porque, de outro modo, compreenderíamos Deus como um ditador, distribuindo medalhas para uns e chagas para outros, o que é inadmissível.

dezoito

Vidência na Igreja

P – De família católica e praticante, na ocasião do catolicismo você viu os Espíritos também na igreja?

R – *Sim. Sempre que frequentava os ofícios religiosos, chegava a identificar a presença de entidades espirituais e dava disso conhecimento aos sacerdotes amigos que me ouviam na confissão, que naquele tempo era largamente praticada e que nós todos observávamos com muita fidelidade à fé cristã. Isso para eles não era novidade, porquanto muitas vezes me perquiriam a palavra e o raciocínio, indagando se eu dizia a verdade ou se estava sendo vítima de alucinação, o que hoje considero muito natural.*

Reencarnação de Emmanuel

P – Quando foi que Emmanuel se apresentou

Diálogos e Mensagens

em sua vida mediúnica? Ele disse que se encarnaria neste final de milênio?

R – *Ele nos visitou de maneira franca e visível em dezembro de 1931.*

Desde lá até agora, precisamente há 40 anos, ele tem sido o instrutor e o mentor de nossas tarefas espirituais; ele afirma que, indiscutivelmente, voltará à reencarnação, mas não diz exatamente o momento preciso em que isso se verificará.

Entretanto, pelas palavras dele, admitimos que ele estará regressando ao nosso meio de Espíritos encarnados no fim do presente século, provavelmente na última década.

Emmanuel, o professor

P – Acha que Emmanuel tem sido para você o amparo que o professor representa em si para o aluno?

R – *Sem dúvida. Certa feita um amigo convidou a minha atenção para a biografia de Helen Keller, a nossa grande cidadã mundial, atualmente desencarnada, que era muda, surda e cega e, segundo a biografia dela própria, era ela uma criatura que, por falta de comunicação com o próximo, se tornara talvez muito agressiva.*

Desde, porém, a ocasião em que tomou os serviços da professora que a educou, tornou-se uma pessoa diferente.

Considero que até 1931 a minha capacidade de comunicação com o próximo seria muito difícil, mas durante quarenta anos o Espírito de Emmanuel tem tido muita caridade e misericórdia para comigo, transformando-me de algum modo; ainda não me converti, do animal desconhecido que sempre fui, numa criatura mais ou menos humana, mas confesso que o nosso grande benfeitor vem conseguindo melhorar o meu padrão espiritual. Por isso mesmo, devo declarar, de público, que devo a Deus e a ele o esforço que vou fazendo, através do tempo, a fim de humanizar-me.

Necessidade do estudo

P – Quanto ao estudo, que dizem os nossos Benfeitores Espirituais?

R – *Os Amigos Espirituais nos informam que o estudo deve ser para nós uma obrigação, em qualquer idade ou circunstância da vida.*

Muitas vezes, quando na infância ou na juventude, somos constrangidos a estudar e

Diálogos e Mensagens

sentimos muita dificuldade em observar as disciplinas estabelecidas, seja por nossos pais ou professores, tutores ou amigos.

Às vezes, fugimos de aula, desertamos do dever estudantil, mas, com o tempo, se observarmos a vida dentro da realidade que lhe é própria, quando entramos na condição de adultos, somos induzidos a estudar voluntariamente porque sabemos que o estudo é luz no coração e no Espírito.

Na ignorância não conseguiríamos, como não conseguiremos, enxergar o caminho real que Deus traçou a cada um de nós na Terra.

Todos nós, sejamos crianças ou jovens, adultos ou já muitíssimo maduros, devemos estudar sempre.

Atitude diante das doenças

P – Desejará você contar-nos alguma coisa de sua experiência, ao contato de Emmanuel, a respeito da atitude que devemos assumir perante as nossas próprias doenças?

R – *Ele, tanto quanto outros amigos espirituais, ensinam-nos que devemos receber as provações orgânicas com muita serenidade.*

Aliás, nesse sentido dentro da própria Igreja Católica, que todos consideramos como sendo a autoridade maternal em nossa civilização, dispomos do exemplo dos santos que nos auxiliam a considerar a moléstia como agente de purificação da alma.

Se aceitamos compulsoriamente a enfermidade como sendo uma prova que não merecemos; se nos desesperamos; se nos entregamos à impaciência, criamos uma espécie de taxa de aflição improdutiva sobre a inquietação que a doença nos traga.

A moléstia, sem paciência de nossa parte, torna-se muito mais grave e, às vezes, muito mais intolerável, de vez que passamos a complicar e a obscurecer o ambiente assistencial em que nos encontremos, junto da família ou fora dela.

Com isso, criamos também muita dificuldade para os médicos, convidados a auxiliar-nos, porquanto em qualquer quadro de desesperação, estabelecemos tempestades magnéticas no campo pessoal da nossa própria apresentação, agindo em prejuízo de nós mesmos. Quando vier a dor de cabeça, seja ela acompanhada de outra qualquer dor, considerando-se a dor de cabeça por dissabores

Diálogos e Mensagens

*quaisquer, peçamos a Deus coragem para su-
portá-la e, para isso, temos a oração que nos
ajuda a restabelecer o próprio equilíbrio.*

Missão pessoal

P – Qual a sua missão pessoal?

R – *Devo dizer ao nosso caro entrevistador Silveira Lima que eu não posso atribuir a mim
determinada tarefa, pois reconheço a minha
insignificância e, a bem dizer, o meu nada.*

*Costumo dizer que devo ter o apelido de
Chico, em meu nome individual, para lem-
brar-me de que a minha posição é realmente
a posição de criatura que de si própria nada
vale, ou pouco vale.*

*Compreendo a tarefa dos Espíritos, por
meu intermédio, assim como se eu fosse um
arbusto de qualidade muito inferior e o jar-
dineiro ou floricultor interferisse trazendo,
por exemplo, sobre mim num fenômeno de en-
xertia, uma árvore de natureza superior para
que essa árvore produza frutos dos quais essa
mesma árvore nobre seja mensageira.*

*Eu estou então, como o arbusto que não
sabe, de si mesmo, o que vem a ser em si e por
si.*

Os livros que foram produzidos por nosso intermédio serão naturalmente frutos dessa árvore colocada sobre a minha vida sem que eu a merecesse.

Assim não compreendo como é que os bons Espíritos me suportam, tanto quanto fico perguntando como é que tanta gente boa, incluindo o nosso caro Silveira Lima, me possam tolerar com tanta bondade.

P – Chico Xavier, qual é a sua idade?

R – *61 anos.*

P – A velhice o preocupa?

R – *Não, absolutamente. Cada idade tem a sua beleza.*

Amor à vida

P – Ama a vida?

R – *Imensamente. Acho que a vida é um dom de Deus e, se nós descobrirmos, se procuramos descobrir a vontade de Deus, vamos ver que a Bondade de Deus está em toda a parte e não temos motivo nenhum, em tempo algum, de acalentar qualquer desânimo no coração porque Deus nos manda, a cada manhã, o sorriso maravilhoso do Sol como a dizer que espera por nós, que nos tolera, que nos ama, que nos descerrará novos caminhos, que a vida é boa e bela, que devemos agradecer, cada dia mais, o dom de viver e o dom de amar aqueles e aquilo que nós amamos, sejam nossos pais, esposa, esposo, filhos, amigos, parentes, companheiros, tarefas e ideais.*

A vida está repleta da beleza de Deus e por isso não nos será lícito entregar o coração ao desespero, porque a vida vem de Deus, tal qual o Sol maravilhoso nos ilumina.

A morte

P – Como encara a morte?

R – Naturalmente que somos humanos e a despedida de um ente amado, mormente quando esse ente amado vai adquirir nova forma, de um modo geral tornando-se invisível ao nosso olhar comum, a nossa dor é imensa.

Quando vemos partir, por exemplo, um filho para uma terra distante, quando sofremos a prova da separação de ente querido, mesmo na Terra, sofremos compreensivelmente, de vez que o amor vem de Deus e, quando amamos, queremos perto de nós a criatura querida.

Ainda sabendo que a morte vem de Deus, quando nós não a provocamos, não podemos, por enquanto, na Terra, receber a morte com alegria, porque ninguém recebe um adeus com felicidade, mas podemos receber a separação com fé em Deus, entendendo que um dia nos reencontramos todos numa vida maior, e essa esperança deve aquecer-nos o coração.

Cabe-nos superar o sofrimento da morte fazendo por aquele, ou aquela, que partem, aquilo que eles estimariam continuar fazendo, nunca entregar-nos ao choro improdutivo, ao luto que nada produz, mas, sim, prosseguir na tarefa daqueles nossos entes amados que partiram, unindo a eles o nosso pensamento e carinho através do espírito de serviço, reconhecendo que eles continuam vivendo e, naturalmente, nos agradecerão a conformidade e o concurso amigo que lhes possamos oferecer para que a vida deles na Terra seja devidamente complementada.

Materializações em Uberaba

P – Pode citar algum fato que tenha causado

a você lembrança inesquecível, nas reuniões espirituais que assistiu, antigamente, aqui em Uberaba?

R – *Antigamente, antes de vir residir em Uberaba, assistia a uma reunião de materialização com o médium Garibaldi Cavalcanti, em companhia do Dr. Inácio Ferreira e de Dona Maria Modesto Cravo. Foi uma reunião muito expressiva e que me deixou uma impressão inolvidável, porque os Espíritos se materializavam no salão do Centro Espírita Uberabense e conversavam conosco, como pessoas humanas. Aquilo me confortou muito; naturalmente que sempre via e ouvia a sós, mas para os outros eu parecia sempre uma pessoa que prega mentiras e, naquela hora, todos viam – todos verificavam as realidades da sobrevivência.*

Agora é o dia...

JOSÉ DE ATAGIBA

Escuta, meu irmão, agora é o dia
Em que a força celeste te abençoa,
De espalhar alegria.

Desce do altar caseiro, a que te elevas
E acende sobre a noite de quem chora,
Uma réstia de aurora
Adelgaçando as trevas.

Assinala mais perto do coração
Fiel, amigo e atento,
O dorido lamento
Dos que passam clamando no deserto.

É a penúria sem lar vagando além,
A ignorância turva e envelhecida,
A criança perdida,
E o doente cansado sem ninguém...

Diálogos e Mensagens

Desce do pedestal nobre e sublime
Em que a glória da fé te lustra o nome,
Trazendo pão onde se estende a fome
E a luz de DEUS onde corteja o crime.

Sobre o abismo das lágrimas debruça
O coração tranquilo e consolado,
E encontrarás JESUS crucificado
Em cada peito humano que soluça.

Em ti que trazes rútilo e fecundo,
O brasão do Evangelho na alma ardente,
Recai o privilégio onipresente,
De revelar o CRISTO sobre o Mundo.

Escuta, meu irmão, agora é o dia
Em que a força celeste te abençoa,
Convidando à tarefa clara e boa
De espalhar alegria.

(Mensagem psicografada por Francisco C. Xavier e lida em entrevista dada à equipe de reportagem do Colégio Estadual, Uberaba, MG, em 1971.)

dezenove

O homem e a civilização

P – Considerando que o homem caminha para a perfeição tecnológica, dir-se-ia que ele desprezará o Espírito e cuidará somente das grandezas físicas?

R – *Nós estamos praticamente num ápice da civilização.*

Outras civilizações existiram na Terra, mas porque os ápices de civilização não foram orientados pelo equilíbrio espiritual, estas civilizações como que desapareceram, dando lugar à civilização em cujos cimos culturais estamos hoje.

Acreditamos que, para que o homem atinja a perfeição, não se pode menosprezar os valores do Espírito.

Todos estamos formulando votos aos

Diálogos e Mensagens

187

Poderes Divinos que governam o Mundo e a Humanidade, para que o homem se volte para dentro de si mesmo a fim de que nós todos, dentro dessa interiorização, venhamos a compreender que, sem os valores da alma, não podemos avançar muito tão só com os valores físicos, que são praticamente transitórios.

Anticoncepcionais e aborto

P – Desejo também saber se as experiências dos humanos em relação aos anticoncepcionais e ao aborto são válidas? Também os preconceitos morais que cercam essas experiências.

R – *Estivemos, há alguns dias, diante de questão semelhante. O problema dos anticoncepcionais está em foco.*

Ninguém pode deter a marcha dos anticoncepcionais na Humanidade. Seria sustentar uma ilusão se fôssemos asseverar o contrário.

Acreditamos que os anticoncepcionais merecerão, agora, e em futuro próximo, estudos mais acurados da ciência médica, para que o uso deles não se faça indiscriminado. E que esse uso seja proveitoso na preservação dos valores da saúde, da higiene, do equilíbrio físico e mental e da segurança e paz da Humanidade.

Cremos também, e cremos com a palavra dos Amigos Espirituais, – pois do que estamos falando aqui devem os nossos amigos jovens do Colégio Estadual de Uberaba estar convencidos de que não falamos por nós. Estamos apenas transmitindo instruções que temos recebido do Espírito de Emmanuel e de outros Benfeitores Espirituais nos últimos tempos.

Cremos com os Amigos Espirituais, repitamos, que os anticoncepcionais estão chegando à esfera humana como socorro da Providência Divina para que não nos comprometamos com o aborto tocado de irresponsabilidade e, às vezes, até legalizado por princípios de governança pública, como está acontecendo em diversos países.

A criança-embrião é um ser vivo, e um ser vivo indefeso.

O aborto é um delito difícil de ser classificado, porque a vítima está absolutamente incapaz de operar na própria defesa.

Acreditamos que à pratica do aborto consciente, indiscriminado, e até mesmo apoiado por leis, devemos preferir os anticoncepcionais, que poderão merecer estudos específicos da ciência e beneficiar a Humanidade dentro de um campo de limitação razoável na família, nos tempos que correm, quando os filhos dão trabalho e exigem muito esforço dos pais.

Inseminação artificial

P – Que acha o senhor da inseminação artificial que está sendo feita em seres humanos?

R – *Conhecemos diversos casos de inseminação artificial, principalmente na Inglaterra, em que diversas jovens, que não se sentiam inclinadas ao casamento e desejaram a maternidade, preferiram esse tipo de maternidade.*

A inseminação artificial é um assunto que, a nosso ver, é interessante, pois abriu o caminho também para o tubo de ensaio, um problema de solução talvez iminente.

Talvez os preconceitos sociais e os princípios religiosos possam retardar na ciência a fabricação desse engenho, pelo qual o Espírito tomará corpo na Terra sem necessidade da comunhão sexual entre o homem e a mulher, mas sem dispensar o material genésico da mulher e do homem.

A mediunidade e seu desenvolvimento

P – Gostaria de saber como uma pessoa pode notar que é dotada de mediunidade, quais as vantagens espirituais oferecidas pela mesma, e como essa pessoa deve proceder?

R – *Vamos dizer, a mediunidade é peculiar a toda criatura humana; todas as pessoas são portadoras de valores mediúnicos que podem ser cultivados ao máximo, desde que a criatura se dedique a esse gênero de trabalho espiritual. De modo que, muitas vezes, encontramos uma certa dificuldade no problema mediúnico dentro da Doutrina Espírita.*

De modo geral, a pessoa só se diz médium quando se sente vinculada a um processo obsessivo; quando sente arrepios, muita perturbação, muito assédio, muita angústia, então se diz que essa pessoa é médium. Bem, aí já é médium assediado, médium doente. A mediunidade está enferma. Mas a pessoa sã, em plenitude dos seus valores físicos, pode perfei-

Diálogos e Mensagens

tamente estudar a própria mediunidade e ver qual o caminho que suas faculdades mediúnicas podem tomar.

Uma criatura que desenvolva a sua própria mediunidade desenvolve-a educando-se, procurando aprimorar a sua capacidade cultural, os seus valores, vamos dizer, os seu valores de experiência humana, os seus contatos no campo da humanidade, o seu dom de servir; essa criatura encontra, na mediunidade, um campo vastíssimo de trabalho e de felicidade, porque a felicidade verdadeira vem do trabalho bem aplicado, daquele trabalho que se constitui um serviço pelo bem de todos.

E o médium, dentro da Doutrina Espírita, é uma criatura não considerada fora de série de criaturas humanas. O médium é um ser humano, com as fraquezas e as perfeições potenciais de toda a criatura terrestre.

Então, a Doutrina Espírita é Mãe Generosa porque acolhe a criatura humana e faz dela um médium, mesmo que tenha muitos erros e muitos acertos, mas, depois do curso do tempo, os acertos vão abafando os erros, e a criatura pode terminar a existência com grande merecimento. Porque pelo trabalho na mediunidade, trabalho pelo bem comum, ela vence esse peso, que é o mais importante no mundo. Vencer a nós mesmos do ponto de vista das tendências inferiores que estejamos carregando. Falo isso a meu respeito, porque não creio que ninguém carregue tanta imperfeição como eu...

Aprimoramento da mediunidade

P – Um médium dotado de uma mediunidade bem aperfeiçoada, bem aprimorada, estará apto a psicografar?

R – Se o médium se dedicar a receber o pensamento dos Espíritos, começando pela sua boa vontade, pela sua dedicação, ao problema da escrita psicográfica, pode perfeitamente psicografar. Mas esse companheiro ou companheira não pode estar pensando em termos de tempo para que o desânimo não apareça.

Treinar, educar-se, aprender, reaprender, às vezes tropeçar, cair, mas reacertar, levantar, continuar; servir sempre sem nenhuma ideia de melindre pessoal diante da crítica, que por ventura apareça, essa criatura vai aprimorando a mediunidade, isto é, a psicografia, como você perguntou, e essa psicografia pode produzir no campo do mundo melhores frutos.

Juventude e fé

P – Francisco Cândido Xavier, gostaria de saber se o senhor acha que, na juventude atual, ainda há fé?

R – *Creio que imensamente, mas com muita sinceridade.*

Toda criatura humana tem reservatórios infinitos de fé, e o jovem principalmente. Por exemplo, se nós que amadurecemos na experiência humana perdermos a fé nos jovens, não contaremos com futuro razoável nem com futuro tão sereno, tão produtivo, tão brilhante como desejamos.

Todos temos fé na juventude e nós cremos que a juventude tem fé nas forças da vida, mesmo quando não esteja pronunciando o nome sagrado de Deus.

Já que estamos num período em que muitos dos jovens desejam que se fale uma linguagem mais moderna, isso é, fora da conceituação das religiões tradicionais, vamos, então dizer, como sinônimo de Deus, a Força da Vida. Todo jovem crê na força da vida, e para nós que cremos em Deus a força da vida é Deus.

Nós temos amigos jovens que costumam dizer: Nós não cremos em Deus, nós cremos no homem; mas o homem é filho de Deus. E um pai que se vê acreditado no filho sentir-se-á até muito mais feliz do que se as pessoas acreditarem nele, porque o homem é obra-prima de Deus.

Todos os sistemas de fé raciocinada, fora do conceito da fé mística e da fé religiosa, que fazem do homem um ídolo moderno, também é fé no futuro, nós estamos certos de que essa mocidade maravilhosa dos nossos dias, estudiosa, realizadora, está caminhando para Deus pela fé com o mesmo entusiasmo com que nós caminhamos há quarenta, há trinta, vinte anos atrás.

Emoção

P – Senhor Francisco Cândido Xavier, encerrando esta entrevista, nós queremos dizer-lhe que há momentos agradáveis na vida, momentos que como este ficam para sempre na memória da gente. Para nós, os jovens, existem ídolos do futebol, ídolos da música, ídolos políticos, e que o senhor é um ídolo, sem dúvida, de conquistar corações. Por isso, nós queremos agradecer ao senhor e dizer-lhe: Muito obrigado, por tudo.

R – José Carlos, muito obrigado ao Colégio Estadual de Uberaba, especialmente a você.

Não continuo porque não vou desatar a fonte das lágrimas. Tenho uma amiga estimadíssima, que é d. Dora Vilela. Ela me ensinou a não chorar em público, mas o coração chora por dentro, chora de alegria vendo tanta gente boa representada pela turma do Colégio Estadual de Uberaba.

Abraçando a você, creio que estou abraçando toda essa mocidade maravilhosa, que é a mocidade da terra uberabense, que nós respeitamos e amamos tanto com todo o coração.

vinte

Atualidade e Espiritismo

P – Como situarmos, querido Chico, Espiritismo no panorama atual?

R – *Sem dúvida que nós, pessoalmente considerando, não temos qualquer autoridade para responder a uma pergunta deste gabarito, mas, em nossa condição de pequenino companheiro da causa espírita, compreendemos que o Espiritismo no panorama atual do mundo é, realmente, aquele Consolador Prometido por Jesus à Humanidade, porque quantos dele se aproximam com sinceridade e com devotamento à verdade, encontram recursos para a resistência íntima contra qualquer perturbação; nós estamos vivendo no mundo uma época muito difícil, um período inçado de muitos obstáculos na vida espiritual de todos,*

Diálogos e Mensagens

porque a renovação está chegando para todos na Terra, à maneira de explosão: explosão de sentimentos, de pensamentos, de palavras, de ações; e sem a explicação do Espiritismo evangélico, que coloca em nosso coração e em nosso pensamento os termos do destino e do sofrimento no lugar justo, sinceramente – nós teríamos muita dificuldade para harmonizar o nosso próprio mundo íntimo. Por isto mesmo, nós consideramos que o Espiritismo no panorama atual da Humanidade é uma providência da Divina Misericórdia do Senhor a nosso benefício, a fim de que cada um de nós esteja no lugar certo, com as obrigações certas e desempenhando os nossos deveres tão bem quanto nos seja possível.

Unificação

P – Chico, o que representam as Confraternizações das Mocidades Espíritas para o movimento de unificação?

R – *Consideramos o assunto naquela base que o nosso benfeitor espiritual Dr. Bezerra de Menezes fixou numa de suas páginas, por nosso intermédio, aqui na Comunhão Espírita Cristã de Uberaba, quando nosso amigo espiritual afirmou que a Unificação do Espiritismo no Brasil é serviço urgente, mas não apressado. Isso, no momento, pareceu-nos paradoxo, mas sem dúvida que essa confraternização dos tarefeiros espirituais é trabalho urgente, porque nós precisamos cogitar da nossa confraternização de ordem geral, no campo da Doutrina, todavia, esse trabalho não pode ser feito com muita pressa porque os ingredientes para a realização dele são todos de ordem espiritual, e nós não podemos agir com violência. Por isso mesmo, nós acreditamos que as reuniões e confraternizações de Mocidades Espíritas – que a nosso ver deveriam ser também acompanhadas de reuniões e confraternizações de adultos espíritas, é trabalho de muito valor, trabalho que nós não podemos desprezar e que devemos incentivar por todos os meios justos ao nosso alcance, para que, através do intercâmbio e da nossa comunicação mútua, possamos estabelecer bases para que a unificação real em cada grupo tenha sua aparência específica, assim como cada personalidade espírita tem a sua vida própria e seu trabalho individual dentro de nosso movimento. De modo que essas confraternizações, de mocidades espíritas ou da madureza espírita, são um movimento sério*

Diálogos e Mensagens

que nós devemos acatar e estimular com todas as energias ao nosso alcance.

Os Espíritos e a unificação

P – Prezado Chico, como os Espíritos veem esses movimentos?

R – *Pelo interesse que nossos amigos espirituais manifestam em favor dessas realizações, compreendemos que muitas das nossas confraternizações que se realizam – sem
querer mecanizar ou automatizar os nossos
irmãos encarnados – resultam de inspiração
de benfeitores espirituais que se empenham
fazendo a nossa união uns com os outros,
através da palavra, da troca de experiências
para que nós possamos localizar a nossa tarefa dentro do movimento espírita. Isso é muito importante. Os nossos amigos espirituais
dão extraordinário relevo a esses movimentos
e esperam que nós todos, os companheiros do
Espiritismo, venhamos a encorajá-los por todos os modos que surjam dentro das nossas
possibilidades, de vez que é pela reciprocidade, na permuta de nossas experiências, que
chegaremos a conclusões e a realizações do*

mais alto interesse para o movimento espírita agora e no futuro.

A importância do Centro Espírita

P – Quais os benefícios resultantes destes movimentos para os Centros Espíritas?

R – *Os nossos Amigos Espirituais sempre nos ensinaram a considerar os Centros Espíritas como a Escola mais importante da nossa alma, porque é no Templo Espírita que nós recebemos de outros e podemos doar de nós mesmos os valores que servirão a cada um de nós para a vida eterna. De modo que, nós damos tanta importância ao Estudo da Matemática, ou ao estudo da Química, que realmente são importantes, não podemos menosprezar as lições em torno da paciência, em torno da tolerância, que são atitudes da alma que nós não teremos sem estudar, sem raciocinar. Portanto, um Templo Espírita é uma Universidade de formação espiritual para as criaturas humanas, e por isso o Espírito de Emmanuel, que nos orienta as atividades desde 1931, empresta a maior importância ao Templo Espírita, porque o*

Diálogos e Mensagens

Templo Espírita revive as casas do Cristianismo simples e primitivo em que o nosso coração se reúne em torno dos ensinamentos do Cristo, para a melhoria da nossa vida interior. Por exemplo, numa Faculdade de ensino superior, que nos merece o máximo acatamento, nós aprendemos Ciências que vão aperfeiçoar os nossos recursos intelectuais. Mas, no Centro Espírita, orientado segundo os preceitos do Evangelho, nós vamos encontrar os estudos e os raciocínios adequados à nossa necessidade de vivência em paz no mundo com a vivência igualmente do Amor uns para com os outros, segundo o ensinamento de Jesus, que nós não podemos esquecer: Amai uns aos outros como eu vos amei...

vinte e um

Espiritismo perante outras religiões

P – Como é que os Espíritos consideram a Doutrina Espírita, perante as outras religiões?

R – Os nossos Benfeitores Espirituais nos esclarecem, frequentemente, que a Doutrina Espírita formula explicações mais lógicas, mais simples em torno dos ensinamentos de Nosso Senhor Jesus Cristo, explicações essas que nós encontramos com muita riqueza de minudências nas obras codificadas por Allan Kardec. Mas explicam também que todas as religiões são respeitáveis e que nossa atitude, diante de todas elas, deve ser de extremada veneração, pelo bem que elas trazem às criaturas humanas e por serem igualmente sustentáculos do bem na comunidade em nome de Deus.

O médium e sua disciplina

P – Para exercer a mediunidade, diante da Espiritualidade, o indivíduo precisa levar uma vida sublimada?

R – *Uma vida sublimada seria, naturalmente, o padrão ideal de vivência para qualquer médium, mas nós não podemos ignorar que estamos na Terra, que somos criaturas humanas e que, se esperarmos uma perfeição absoluta para o médium, a fim de que ele trabalhe a benefício dos semelhantes – comenta muitas vezes o Espírito do nosso Benfeitor Emmanuel –, essa criatura só teria trabalho quando chegasse ao Céu. Por isso mesmo, o médium é uma criatura que está se esforçando na sua própria melhoria, no seu autoaprimoramento, sem ser ainda, comumente, uma criatura altamente educada, conquanto todos devamos trabalhar pela nossa própria sublimação.*

Chico Xavier diante do seu trabalho

P – Você, Chico, para receber mais de cem

livros dos Espíritos, versando sobre os mais variados assuntos, se sente com qualidades superiores para isso?

R – Não. Devo esclarecer de público que nunca me senti com qualidades superiores para isso. E, desde o primeiro momento da mediunidade explicada sob a Codificação Kardequiana, eu me surpreendo com a paciência e com a tolerância dos Bons Espíritos, em relação ao meu caso particular. Eu me sinto diante deles, aliás, em todos estes anos de trabalho, junto deles – como sendo, por exemplo, uma pedra de que eles se utilizam para pisar nesta outra margem da Vida Eterna, que é a vida física. Imaginemos uma pedra num riacho, atirada na lama e professores que se aproveitam dela para não se imiscuírem com o barro no fundo das águas, a fim de trazerem à escola as lições de que se incumbem. Eu me sinto como essa pedra de que eles se valem para nos ofertarem a sua mensagem. Nunca me senti com qualidades superiores. Reconheço o quadro de minhas deficiências e venho fazendo muita força para trabalhar na melhoria de minhas próprias tendências e no aprimoramento delas.

Diálogos e Mensagens

Memória do passado

P – Por que motivo, Chico, algumas pessoas revelam memória mais lúcida que a da média geral, quanto a recordações do passado?

R – *Nossos Amigos Espirituais explicam que essas criaturas de memória extremamente, ou talvez excessivamente, lúcida, nasceram com determinados centros mnemônicos mais descerrados à lembrança de suas vidas pretéritas, de modo que elas atravessam a vida iluminada por imagens e visões de vidas anteriores, que essas mesmas pessoas atribuem ao presente, sem que essas imagens e essas visões estejam vinculadas aos dias da atualidade. Problema de reencarnação, com sensibilidade muito aguçada.*

Passado espiritual e reencarnação

P – Os defeitos e as inibições de ordem orgânica e psicológica serão sempre expiações de vidas pretéritas?

R – *Com todo o meu respeito a diversos ami-*

gos nossos, posso dizer amigos meus, que cultivam a Psiquiatria dentro da Medicina, com todo respeito a eles, de muitos deles ouvi, em certas ocasiões, a alegação de que determinadas pessoas procuram trabalhar intensamente, em determinados assuntos espirituais ou artísticos, como fuga de suas próprias realidades físicas e psicológicas, quando essas realidades não são as mais agradáveis. Mas os Bons Espíritos nos ensinam que, muitas vezes, somos nós quem solicitamos, dos amigos que presidem o trabalho de nossa reencarnação, semelhantes inibições, doenças, defeitos, dificuldades que constrangem, muitas vezes até humilham, a nossa existência física, como recurso de autodefesa para o trabalho espiritual que nos compete efetuar. Para muitos estudiosos da Terra, o trabalho intenso no bem é uma fuga que a criatura opera em relação ao mal que está dentro dela; mas, no Mundo Espiritual, esse sofrimento ou essa inibição significam recurso para que a criatura possa trabalhar com a tranquilidade possível.

Os três aspectos do espiritismo

P – Dos três aspectos do Espiritismo – o

Religioso, o Científico e o Filosófico, qual o mais importante, no seu modo de entender?

R – Nosso Emmanuel costuma dizer que poderíamos figurar, por exemplo, a Ciência como sendo a verdade, a Religião como sendo a vida e a Filosofia como sendo a indagação da criatura humana entre a verdade e a vida. Todos os três aspectos, por isso mesmo, são muito importantes, porque a Filosofia estuda sempre, a Ciência descobre sempre, mas a vida atua sempre. Todos esses aspectos são muito importantes e muito essenciais, mas, sem desejarmos criar uma situação favorável a nós outros, os espíritas evangélicos, a Religião é sempre mais importante, porque a verdade é uma luz a que todos chegaremos; a indagação é um processo no qual todos participamos; mas a vida não deve ser sacrificada nunca e a Religião assegura a vida, assegurando a ordem da vida; não nos referimos aqui apenas ao Espiritismo Cristão, mas a todas as religiões vigentes no mundo. As religiões estabelecem a harmonia interior da criatura humana; é a Religião que nos impele à conduta certa e nos aponta o caminho mais certo para a harmonia de todos nós, uns com os outros. Por isso mesmo, a Religião é mais importante, porque com a luz da Religião, a Ciência poderá trabalhar em paz, de vez que a Ciência precisa de Paz para trabalhar e a Filosofia poderá indagar em paz, porquanto precisa pesquisar com tranquilidade e, sem religião, em nosso Espírito, seja ela qual for, sem uma fé na existência de Deus, sem que nosso pensamento se volte para a grandeza da vida, para a imortalidade da alma – para os diversos aspectos em que a Divindade se manifesta para nós outros – nós, naturalmente, cairíamos na desordem psíquica, estabeleceríamos o caos em nós e fora de nós, porque não saberíamos governar-nos. A Religião é sempre mais importante, seja ela qual for, ainda mesmo, quando a Ciência precise, muitas vezes, controlar-nos os impulsos de criaturas religiosas, reeducar-nos às concepções ou podar, talvez, muitos excessos da nossa imaginação. Reconheçamos semelhante mérito da Ciência que nos descobre as deficiências, com a indagação filosófica, mas, de qualquer maneira, é a Religião que nos garante a vida espiritual devidamente organizada na Terra, principalmente a vida social e a vida familiar.

Diálogos e Mensagens

Loucura e obsessão – tratamento

P – De que maneira, Chico, os Benfeitores Espirituais consideram o tratamento da loucura ou da obsessão?

R – *Eles consideram muitas vezes que, principalmente nós, os espíritas que tateamos o problema do desequilíbrio mental através da obsessão, precisamos compreender a necessidade do intercâmbio com a Medicina. Trazem, por exemplo, a imagem de um piano como sendo o corpo físico e se o piano se destrambelha, ele naturalmente necessitará do artista que vai, naturalmente, observar o problema da afinação, depois da melodia, a utilização do instrumento, mas precisamos do técnico que vai sanar os defeitos existentes naquele organismo destinado a composições musicais. À vista disso, nosso corpo precisa da assistência médica, em todos os distúrbios que apresente. Isso, porém, não impede a nossa obrigação de cooperar no campo mental, com o influxo renovador das ideias edificantes, com a oração, com o otimismo, com as ideias de renovação, com o socorro da fé, com o bálsamo da esperança, sem desprezar, de modo nenhum, a* cooperação da Ciência, através do socorro medicamentoso, porque, se o socorro medicamentoso está na Terra, é também por permissão de Deus, precioso resultado da misericórdia de Deus. Os espíritas não podem desconhecer a importância da assistência médica em todo caso de loucura e muito principalmente no capítulo da obsessão, porque na obsessão, determinada mente ou determinadas mentes estão influenciando de modo negativo sobre o Espírito do obsidiado, mas o corpo do obsidiado sofre também as dilapidações consequentes, e essas dilapidações devem ser regeneradas e só podem ser eficientemente regeneradas com a assistência médica. Isso não obsta o trabalho espírita, o trabalho das religiões, que se propõem a socorrer moralmente os nossos irmãos sofredores nesse setor das provações humanas.

A origem das moléstias

P – Como é que os Amigos Espirituais interpretam a origem das moléstias mentais complexas, como, por exemplo, a esquizofrenia? Ela terá cura?

R – *Eles observam, muitas vezes, que nascemos com processos alusivos a moléstias chamadas incuráveis, como resultados de complexos de culpas adquiridos por nós mesmos em existências passadas. Por exemplo: um homem extermina a vida de outro homem e parte para o Além; a vítima perdoou ao verdugo, mas a consciência do verdugo não concordou com esse perdão, e ele continua com o remorso, com o problema da culpa a lhe estragar a tranquilidade íntima. Dessa forma, os pensamentos de remorso percutem sobre o corpo espiritual e determinam o desequilíbrio da distribuição dos agentes químicos do organismo, já que, em verdade, cada um de nós tem determinada farmácia na sua própria vida íntima e as substâncias químicas perdem o seu nível ideal, particularmente no cérebro, a cabine por onde o Espírito se manifesta.*

Adquirindo culpas intensas e profundas, é muito natural que a criatura renasça com problemas de esquizofrenia, mas acreditamos que a Ciência, mais tarde, segundo a necessária permissão do Alto, sanará perfeitamente a moléstia em descobrindo, com o amparo da Misericórdia Divina, o caminho para restabelecer o nível de distribuição das substâncias químicas no cérebro enfermiço, para que essa distribuição atinja a circulação desejável.

Pais e filhos

P – Do ponto de vista da Religião Espírita, qual deve ser a conduta dos pais em relação aos filhos-problemas, e dos filhos em relação aos pais-problemas?

R – *Os Espíritos Amigos dizem, comumente, a nós outros que precisamos de uma reformulação na Terra, dos nossos assuntos de ordem familiar. Não devemos constranger nossos filhos a sofrerem processos de violência, de nossa parte, tanto quanto os nossos filhos não devem criar semelhantes problemas para nós outros, quando assumimos os compromissos de pais na Terra.*

O impositivo de proteção à infância, no período mais tenro da reencarnação, é assunto de importância fundamental para a educação do Espírito que se reencarna na Terra. Não podemos desprezar a infância, em tempo algum, porque a infância levará para a frente o retrato de nossa própria conduta para com ela. E se abandonamos a criança exigindo,

Diálogos e Mensagens

213

de futuro, que, em plena mocidade, obedeça à força, o assunto se faz muito difícil.

Necessário que os pais conversem mais cordialmente com os seus filhos no clima da harmonia doméstica, dentro da própria casa, e nunca adiar essas conversações para tempos de desastre sentimental. Frequentemente, os pais não se sentam com os filhos para um entendimento afável, para uma conversação mais doce, para que o intercâmbio da amizade se processe, para que o amor realize a sua Obra Divina nos corações, e, bastas vezes, assumem atitudes atormentadas, quando os filhos ou as filhas mais jovens adquirem dificuldades ou problemas íntimos para a solução dos quais eles, os pais, não os preparam. Precisamos agora, mormente na atualidade, quando se opera vasta revisão de valores domésticos, familiares e sociais, da prática de um amor sem limites, de uma tolerância imensa – de nós todos, de uns para com os outros – para que atinjamos um acordo geral de rearmonização e, então, iniciar uma era nova, em que a criança receba realmente aquele amparo de que necessite e a que tem direito, para que nunca venhamos a condenar indebitamente os mais jovens.

Mensagem em outras línguas

P – Chico, você já recebeu mensagens em outras línguas que não a nossa? Em quais línguas?

R – *Já recebemos mensagens não muito longas, mas as de dimensão maior se verificaram na Língua Inglesa, e outras menores em Castelhano, em Italiano e em Alemão. Registramos, no entanto, um detalhe interessante: quando estávamos em contato com os nossos irmãos de Língua Inglesa, seja nos Estados Unidos ou na Inglaterra, a recepção das mensagens, nesse idioma em psicografia, era muito mais fácil do que no Brasil. Creio que há uma influência de ambiente a que não se pode fugir em mediunidade. Aliás, peço perdão por me referir a viagens à América do Norte e à Inglaterra, perdão que rogo aos queridos amigos telespectadores. Creio com sinceridade que não estou esnobando; é só para explicar.*

O estudo do espiritismo

P – O que acha você do ensino do Espiritismo nas escolas, sobretudo, nas escolas espíritas?

R – *O ensino nos templos espíritas, a nosso ver, é um ensino vital para o êxito em nossas relações uns com os outros. Os Bons Espíritos, desde muito tempo, induzem-nos a considerar o templo espírita como sendo a Universidade de segurança e paz, progresso e a iluminação espiritual, na vivência humana. Eles dizem que o estudo da matemática, da química é muito importante numa faculdade de ensino superior; mas o estudo também da paciência e da tolerância são muito importantes no templo espírita. Cremos que o ensino leigo é um processo normativo para a formação da instrução intelectual, mas, no templo espírita, deve-se fazer o ensino de ordem moral, para que nós possamos chegar a um acordo uns com os outros e fazermos de nossa vida o melhor possível.*

Um caso íntimo:
a cura de uma ferida

P – Um escritor da Guanabara conta, em suas páginas, que você, em criança, teria sido médium na cura de uma ferida, lambendo esta mesma ferida por influência dos Espíritos. Conte este caso, por favor, em poucas palavras, por causa do nosso adiantado da hora.

R – *O assunto demandaria, talvez, um pouco*

mais de tempo, mas vamos resumir: eu não servi propriamente de médium, mas, quando minha mãe desencarnou, fui entregue a uma senhora que era extremamente bondosa, mas, por vezes, extremamente severa, de modo que eu, sentindo que essa senhora não se afeiçoava à oração, tanto quanto minha mãe nos ensinava no lar, ao cair da tarde, eu procurava orar sob as árvores, já que minha mãe havia prometido a mim que voltaria; ela não morreria, conforme afirmou, quando notou o nosso espanto diante da agonia em que se achava. Vendonos aflitos, ela prometeu que voltaria para buscar-nos. Quando eu a vi, em Espírito, no dia que estava orando, senti uma alegria enorme e passei a ter colóquios com minha mãe, isto é, com o Espírito de minha mãe. Isso é um assunto longo. Devo dizer que, morando com essa senhora, ela possuía um sobrinho que lhe era filho adotivo e que adquiriu uma ferida longilínea, de cura muito demorada. A ferida estava crônica.

Rogo perdão às senhoras e aos senhores telespectadores que relevem este assunto, que é bastante desagradável. Certo dia, uma senhora, passando ao lado da casa em que vivíamos, disse à minha tutora:

– *Dona Ritinha, por que é que a senhora não cura a ferida deste menino?*

Ela respondeu:

– *Como é que eu vou curá-la?*

– *A senhora procure uma criança para lamber a ferida durante três sextas-feiras de manhã, em jejum, que a ferida vai curar.*

Eu fiquei assim muito alarmado. Contava então cinco para seis anos de idade. Essa senhora com quem eu vivia, que era minha tutora, perguntou:

– *O Chico serve?*

Ao que a outra respondeu:

– *Chico está ótimo, pode usar o Chico!*

Eu olhei a ferida, fiquei assim pensativo, com medo, porque a ferida era grande. Mas não disse nada. Apanhava surras muito fortes, e isso, naturalmente, porque eu precisava e era justo que eu as recebesse, pelo menos o Espírito de minha mãe me ensinou que devia ser assim. Na tarde em que houvera a combinação, quando minha tutora saiu com a família, a passeio, fui para debaixo das árvores e orei, alarmado com o caso da ferida, porque a ferida era enorme. Nessa ocasião, o Espírito de minha mãe apareceu e me disse:

– Por que você está com tanto medo, com tanta aflição?

– A senhora não sabe? – respondi. A Dona Ritinha pede que eu seja o instrumento da cura da ferida do Moacir – assim se chamava o menino doente. De maneira que, amanhã é sexta-feira, e eu tenho que lamber a ferida e estou apavorado.

Ela disse:

– Não tema, você pode lamber a ferida com paciência, porque é muito melhor você lamber a ferida do que tomar uma surra que possa, talvez, desajustar o seu corpo para o resto da vida. Você pode lamber a ferida, porque nós vamos ajudá-lo.

E no outro dia de manhã, a dona da casa me chamou, o menino sentou-se no tamborete, colocou a perna no outro tamborete e eu fechei os olhos para cumprir a tarefa e, mesmo de olhos fechados, vi o Espírito de minha mãe junto de nós. Ela jorrava como que um pó, parecendo um pó multicolorido e, tão logo a vi, ela disse assim:

– Agora você lambe a ferida!

Nisso, eu tive de obedecer.

Lembrando o caso, penso que, hoje, fica-

Diálogos e Mensagens

mos muito preocupados com qualquer inflamação, tomamos muito antibiótico não estou criticando, pois eu também tomo muito antibiótico, mas naquele tempo não havia os preventivos.

E a ferida me deixava a boca muito amarga.

A parte mais séria da ocorrência é que, na terceira sexta-feira, a ferida estava curada. Então, nesse dia, eu fui para debaixo de uma bananeira orar e o Espírito de minha mãe apareceu e falou:

– Eu não te disse que a ferida ia ser curada e tudo ia ficar muito bem?!...

– Está bem – respondi de minha parte –, mas eu peço à senhora para não deixar ninguém ter ferida mais não, para ver se fico só com essa.

Compreensão sempre

EMMANUEL

Para superar aflições e constrangimentos em qualquer circunstância, é preciso, antes de tudo, compreender as pessoas e as situações difíceis que apareçam, capazes de inclinar-nos para a sombra da angústia.

Alcançar o entendimento, no entanto, demanda o exercício da fraternidade constante.

Quando a prova surja à frente, asserena-te e reflete.

Se os empreiteiros da perturbação estivessem conscientizados quanto às responsabilidades que assumem, fugiriam de qualquer indução ao desequilíbrio.

Se os perseguidores de qualquer procedência conseguissem perceber as dívidas a que se enredam, renunciariam a isso ou àquilo, em favor daqueles aos quais pretendam impor sofrimento ou dominação.

Quando o agressor lança a palavra de injúria, se fosse previamente informado sobre as consequências de semelhante resolução, decerto se recolheria ao silêncio.

Quando o delinquente se dispõe a desferir o golpe destruidor sobre alguém, se pudesse prever quanto lhe doerão os

Diálogos e Mensagens

resultados da ação infeliz, preferiria haver nascido sem os braços, que lhe correspondem à periculosidade e ao furor.

Em qualquer momento de crise, pensa nos irmãos outros que te cercam – tão filhos de Deus quanto nós mesmos – e coopera na paz de todos.

Especialmente em auxílio daqueles que se façam instrumentos de inquietações e lágrimas, ora sempre e ajusta, quanto possível, as ocorrências que os favoreçam para que não se lhes agrave o peso da culpa.

Diante de todos os episódios constrangedores, silencia, onde não possas auxiliar.

E, perante os problemas de julgamento, onde estejas, usa a compreensão antes de tudo, por presença da caridade, porque o entendimento te suscitará compaixão e, compadecendo-te, acertarás.

(Mensagem recebida pelo médium Francisco C. Xavier, em reunião pública do Grupo Espírita da Prece, em 8 de agosto de 1975, Uberaba, MG.)

IDE | Conhecimento e educação espírita

No ano de 1963, Francisco Cândido Xavier ofereceu a um grupo de voluntários o entusiasmo e a tarefa de fundarem um periódico para divulgação do Espiritismo. Nascia, então, o Instituto de Difusão Espírita - IDE, cujos nome e sigla foram também sugeridos por ele.

Assim, com a ajuda de muitas pessoas e da espiritualidade, o Instituto de Difusão Espírita se tornou uma entidade de utilidade pública, assistencial e sem fins lucrativos, fiel à sua finalidade de divulgar a Doutrina Espírita, por meio de livros, estudos e auxílio (material e espiritual).

Tendo como foco principal as obras básicas de Allan Kardec, a preços populares, a IDE Editora possui cerca de 300 títulos, muitos psicografados por Chico Xavier, divulgando-os em todo o Brasil e em várias partes do mundo.

Além da editora, o Instituto de Difusão Espírita também se desenvolveu em outras frentes de trabalho, tanto voltadas à assistência e promoção social, como o acolhimento de pessoas em situação de rua (albergue), alimentação às famílias em momento de vulnerabilidade social, quanto aos trabalhos de evangelização infantil, mocidade espírita, artes, cursos doutrinários e assistência espiritual.

Ao adquirir um livro da IDE Editora, além de conhecer a Doutrina Espírita e aplicá-la em seu desenvolvimento espiritual, o leitor também estará colaborando com a divulgação do Evangelho do Cristo e com os trabalhos assistenciais do Instituto de Difusão Espírita.

www.idelivraria.com.br

idelivraria.com.br

Pratique o "Evangelho no Lar"

Aponte a câmera do celular e
faça download do roteiro do
Evangelho no lar

Ide editora é nome fantasia do Instituto de Difusão Espírita, entidade sem fins lucrativos.

◎ ideeditora   ƒ ide.editora   🐦 ideeditora

◄◄ DISTRIBUIÇÃO EXCLUSIVA ►►

boanova editora

📍
Av. Porto Ferreira, 1031 | Parque Iracema
CEP 15809-020 | Catanduva-SP
📞 17 3531.4444   🟢 17 99257.5523

◎ boanovaed
▶ boanovaeditora
ƒ boanovaed
🌐 www.boanova.net
✉ boanova@boanova.net

Fale pelo whatsapp

Acesse nossa loja